基于重力驱动磁传感的河床冲刷监测系统研究

Research on River Bed Scour Monitoring System of Gravity Driven Magnetic Sensor

杨则英 著

中国建筑工业出版社

图书在版编目（CIP）数据

基于重力驱动磁传感的河床冲刷监测系统研究 ＝
Research on River Bed Scour Monitoring System of
Gravity Driven Magnetic Sensor / 杨则英著. — 北京：
中国建筑工业出版社，2022.8
　　ISBN 978-7-112-27460-4

Ⅰ.①基… Ⅱ.①杨… Ⅲ.①水环境-影响-桥墩-
局部冲刷-研究②水环境-影响-桥墩-监测-研究
Ⅳ.①U443.22

中国版本图书馆 CIP 数据核字（2022）第 105001 号

为了对长期处于三维水环境中的桥墩局部河床的冲刷情况进行监测，本书设计了一种基于重力驱动磁传感的河床冲刷监测系统。该系统利用扇形扫描声呐技术扫描河床冲刷情况，为铁磁标签传感器等设备布设点位的选取提供前置信息。结合重力驱动导轨，减小磁偶极子自由度，以达到简化反演计算过程及明确反演位置的目的。根据所推导的公式，本书编写了"重力驱动磁传感河床冲刷监测系统"程序，形成使用界面，达到远程监控的目的。

本书可供本科生、研究生、高校教师和相关工程技术人员使用。

责任编辑：高　悦
责任校对：李辰馨

基于重力驱动磁传感的河床冲刷监测
系统研究
Research on River Bed Scour Monitoring System of
Gravity Driven Magnetic Sensor
杨则英　著
*
中国建筑工业出版社出版、发行（北京海淀三里河路9号）
各地新华书店、建筑书店经销
北京鸿文瀚海文化传媒有限公司制版
北京建筑工业印刷厂印刷
*
开本：787 毫米×1092 毫米　1/16　印张：6¼　字数：86 千字
2022 年 7 月第一版　　2022 年 7 月第一次印刷
定价：**30.00** 元
ISBN 978-7-112-27460-4
（39627）

前　　言

　　为了对长期处于三维水环境中的桥墩局部河床的冲刷情况进行监测，本书设计了一种基于重力驱动磁传感的河床冲刷监测系统。该系统利用扇形扫描声呐技术扫描河床冲刷情况，为铁磁标签传感器等设备布设点位的选取提供前置信息。结合重力驱动导轨，减小磁偶极子自由度，以达到简化反演计算过程及明确反演位置的目的。根据磁偶极子模型，本书设计了一种铁磁标签传感器，具有水下工作、远程开关、自供电等特点；其中，远程开关的功能可用于监测点位传感器磁场与背景磁场分离。为了解决国内外磁偶极子定位方法太过复杂，所需仪器造价过高，适应环境能力薄弱的问题，本书通过变化磁偶极子磁场空间分布坐标系，联立三个方向上的磁场分布公式，推导出能够反演单自由度铁磁标签传感器位置的公式。反演公式为一元二次方程，易求理论解，且理论解只存在两个，便于选取正解。为了证明铁磁标签传感器位置反演公式的成立，本书通过 ANSYS 有限元仿真和实验验证，结果证明，虽然由于磁偶极子与铁磁标签传感器在形态上有一定差异，致使铁磁标签传感器的感应磁场强度与磁偶极子磁场分布模式给出的理论磁场强度存在一定的差别，但反演结果误差较小，所推导的公式能够作为铁磁标签传感器位置的反演公式，且具有一定的抗噪能力。为了研究各预设参数对反演结果的影响，本书通过控制变量法，通过对 ANSYS 有限元仿真和实验数据的分析，得出了各预设参数对反演结果的影响效果，并据此对各预设参数的设定给出了设计要点。本书根据所推导的公式，编写了"重力驱动磁传感河床冲刷监测系统"程序，形成使用界面，达到远程监控的目的。

目　录

第1章　绪论 ……………………………………………… 1

1.1　各种河床冲刷监测方法研究现状 ……………………… 1

1.2　磁偶极子定位方法的研究现状 ………………………… 9

1.3　研究方法及技术路线 …………………………………… 15

第2章　重力驱动式铁磁标签传感器的布设 ……………… 18

2.1　铁磁标签传感器的制作与安装方法 …………………… 18

2.2　利用声呐技术进行监测点位选取 ……………………… 22

2.3　重力驱动导轨的布设 …………………………………… 24

第3章　磁偶极子位置反演公式的理论推导 ……………… 26

3.1　磁偶极子磁场空间分布模式 …………………………… 26

3.2　反演公式推导 …………………………………………… 29

3.3　本章小结 ………………………………………………… 32

第4章　ANSYS 有限元仿真分析 ………………………… 33

4.1　有限元仿真分析目标 …………………………………… 33

4.2　有限元仿真分析变量的确定 …………………………… 34

4.3　有限元仿真分析工况设置 ……………………………… 35

4.4　有限元仿真结果及分析 ………………………………… 37

4.5　本章小结 ………………………………………………… 65

第5章　实验设计、过程及结果分析 ……………………… 67

5.1　实验目标 ………………………………………………… 67

5.2　实验变量的确定 ………………………………………… 68

5.3　实验工况设置 …………………………………………… 68

5.4　实验介绍 ………………………………………………… 69

5.5　实验结果及分析 ………………………………………… 71

5.6　本章小结 ………………………………………………… 82

第6章　设备协调优化布设及数据处理系统 …………………… 83

　6.1　铁磁标签传感器的参数设计要点 ………………… 83

　6.2　铁磁标签传感器及数据采集设备的布设 ………… 84

　6.3　磁场数据处理程序 ………………………………… 87

　6.4　本章小结 …………………………………………… 90

　参考文献 …………………………………………………… 91

第1章 绪 论

1.1 各种河床冲刷监测方法研究现状

1.1.1 浮力驱动式冲刷监测技术（图1-1）

一种是在桥墩附近冲刷监测位置处预先埋置一个浮筒，当河床冲刷程度达到浮筒预期深度时，浮筒由于暴露在水中而浮出水面，此时预先封闭在浮筒里的无线信号发生装置会发射无线信号，起到预警作用。另一种是在桥墩冲刷监测位置处河床利用竖直埋置条带状漂浮物，随着河床冲刷程度的增加，带状漂浮物逐渐暴露于水中。浮力及水流冲击的合力会使原本竖直的带状漂浮物变为顺水漂浮，变形使得嵌在带状漂浮物内部的开关触发，发射无线信号，起到监测作用。

浮力驱动式冲刷监测技术的工作原理简单，操作使用方便。但该技术：

（1）监测精度有限，在同一点处，只能监测单点或者以单位长度为精度监测冲刷；

（2）不能被应用于水流流速较高和挟带杂物较多的河流环境中；

（3）每次监测都要埋设浮力驱动装置。

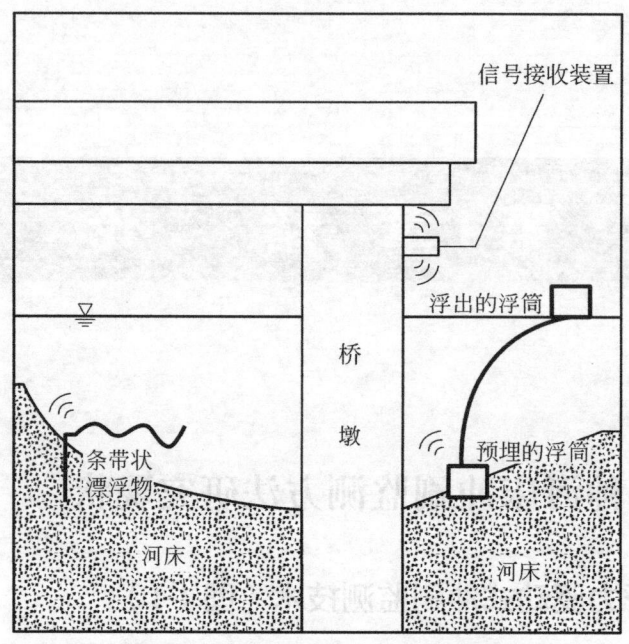

图 1-1　浮力驱动式冲刷监测技术

1.1.2　原位电学冲刷监测技术（图 1-2）

电导率传感器能探测不同材料的电导率。在桥墩附近冲刷监测位置处的河床内竖直埋置电导率探针，电导率探针上按照一定间距布置多个电导率探测传感器。桥墩附近的河床泥沙和水体是两种不同的材料，电导率不同。随着冲刷导致河床下移，电导率传感器会逐一暴露于水体中，传感器探测到的电导率就由最初的泥沙的电导率转变成水体的电导率，信号接收处理装置会依据传感器的信号来追踪冲刷监测位置处水沙交界面的位置。

虽然原位电学冲刷监测技术能够实现整个冲刷发展过程的远程实时监测，但是：

（1）没有摆脱以单位长度作为监测精度的弊端；

（2）没有实现接收装置与水下监测装置的分离；

（3）监测精度容易受到环境水体的温度、盐度和浑浊度的影响。

　基于重力驱动磁传感的河床冲刷监测系统研究

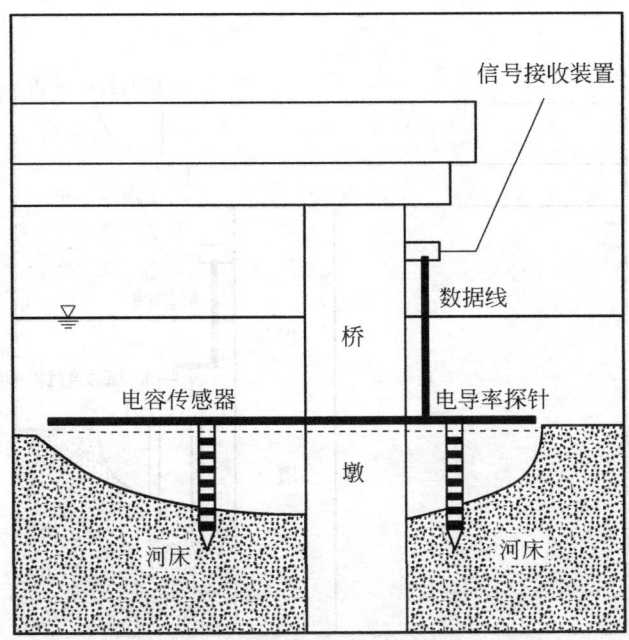

图 1-2　原位电学冲刷监测技术

1.1.3　时域反射计冲刷监测技术（图 1-3）

在冲刷监测位置处河床内竖直埋置探头，电磁脉冲信号发生器向探头发射一个电磁脉冲，沿探头传播的一部分电磁脉冲能量被水沙交界面反射后通过另一个平行的探头返回发射源，另一部分电磁脉冲能量继续传播至下一个不同材料交界面后同样被反射回发射源，根据电磁脉冲的传播速度和脉冲传递时间差可以确定水沙交界面的位置。

时域反射计监测桥墩局部冲刷能够实现自动化的远程实时监测，也能够对河床面完整的冲淤交替的发展过程进行监测。但温度、盐度、悬移质含沙量等河流环境要素对监测精度的影响非常大，且实时发生变化，盐度超过 0.5ppt 时探头末端的反射已无法辨别。

1.1.4　布拉格光栅（FBG）法（图 1-4、图 1-5）

由式（1-1）可知，当 FBG 所处环境的温度、应变发生变化

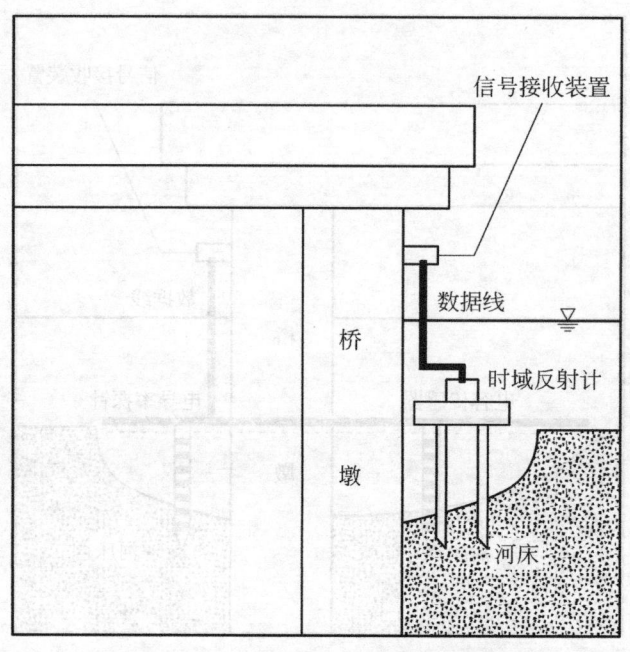

图 1-3　时域反射计冲刷监测技术

时，FBG 纤芯的折射率或光栅的周期也发生变化，从而使反射光的波长发生变化，通过测量反射光波长的变化就可获知待测物理量的变化情况。

$$\Delta\lambda = \alpha_\varepsilon\varepsilon + \alpha_T\Delta T \qquad (1-1)$$

式中　$\Delta\lambda$ —— FBG 中心波长的变化；

　　　α_ε ——FBG 应变灵敏度系数；

　　　α_T ——FBG 温度灵敏度系数；

　　　ε ——监测环境应变；

　　　ΔT ——监测环境温度变化。

根据 FBG 传感器性质，研究者发明了两种装置来监测河床冲刷。一种装置是将几个传感器按一定间距沿一根光纤依次安装在悬臂梁上，然后利用 FBG 传感器直接探测暴露于水中的悬臂梁在水流所施加的弯矩的作用下产生的应变来判断冲刷深度（图 1-4）。另一种装置主要由一个部分埋置于桥墩附近冲刷监测位置处河床内的刚性支撑管和沿支撑管轴线方向按一定间距固定于支撑管侧壁内的 FBG 传感器组成（图 1-5）。

基于重力驱动磁传感的河床冲刷监测系统研究

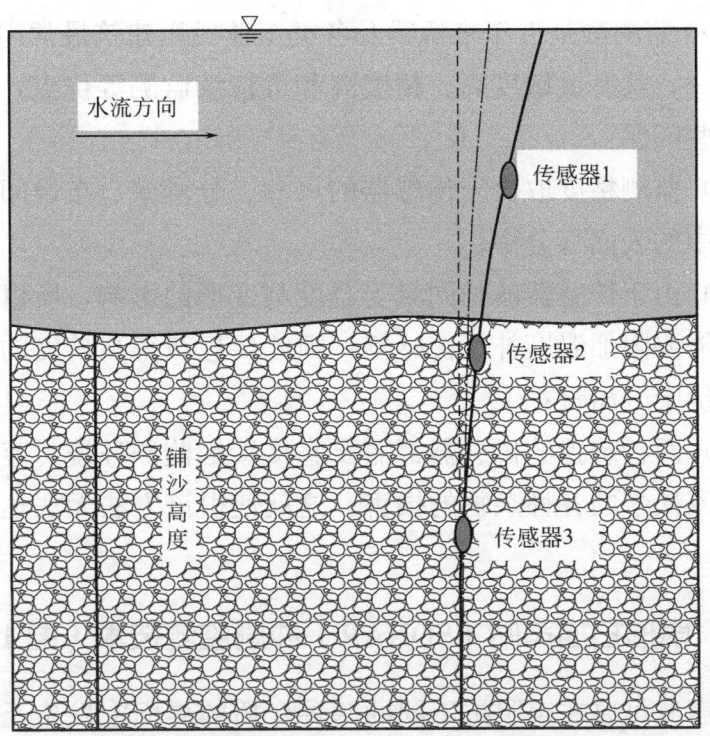

图 1-4　第一种 FBG 监测法

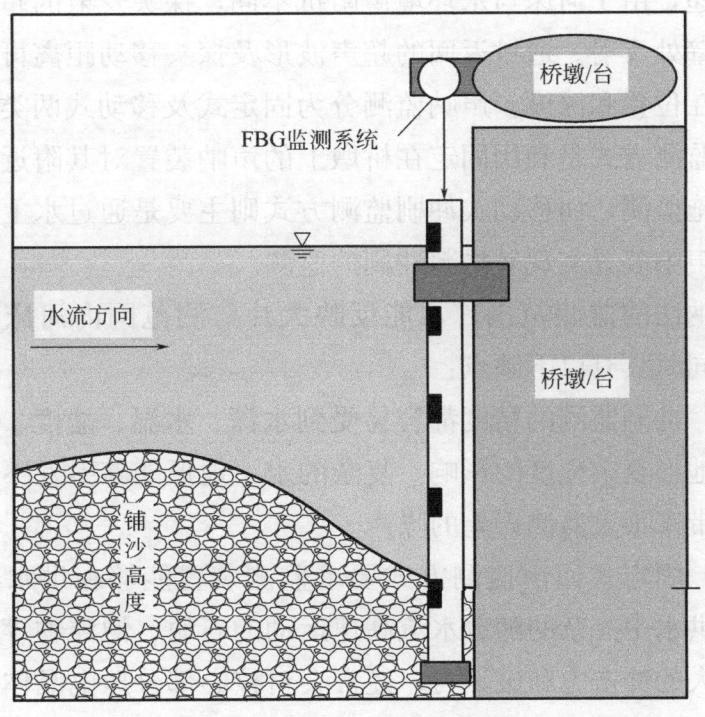

图 1-5　第二种 FBG 监测法

FBG 监测法是近年来桥梁及各类工业民用建筑最常用的监测方法之一，具有灵敏度高、精度高和可持续监测等优点，但是仍存在一些问题：

（1）监测精度取决于传感器的尺寸、分辨率、布设间距和暴露于水中的表面百分率；

（2）由于传感器波长同时受温度与变形的影响，所以每个传感器都需要附加温度补偿传感器，因此要想获得高精度的监测数据，造价十分昂贵；

（3）两种装置的传感器都需要直接接触监测环境，容易遭受高速水流挟带的各种杂物的损害，这就使得该方法无法达成普适性需求。

1.1.5　扇形扫描声呐（SONAR）冲刷监测技术（图1-6）

超声波可以在声阻抗不同的两种介质的界面上发生反射，此系统将超声探头置于护筒内部并上下移动，发射超声波，信号在水中传递，由于河床与水环境声阻抗不同，探头发射的超声波在冲刷坑壁处反射。通过返回的超声波形及探头移动距离可以判断冲刷所在位置和深度。声呐监测分为固定式及移动式两类，固定式冲刷监测方式是利用固定在桥墩上的声呐装置对其附近的局部冲刷实施监测，而移动式冲刷监测方式则主要是通过水上运载设备拖动声呐装置实现对局部冲刷的监测。

声呐法的监测范围广，能反映大片监测范围内河床冲刷情况，但同时具有以下缺点：

（1）冲刷监测的精度都容易受到水深、水温、盐度、含沙量和水下地形复杂程度的影响。复杂的水下地形能够引发不可预期的且能带来很大监测误差的噪声。

（2）固定式回声监测方式要求监测装置能够在洪水期间工作，而洪水中夹杂的随着水流高速运动的石块、漂浮物等杂物具有相当大的冲击力和破坏力，经常会对核心部分压电晶体的回声探头带来损坏。

（3）移动式声呐冲刷监测方式还容易受到仪器安装误差、船姿态测量误差、时延误差等多种因素的影响，尤其是在洪水期间桥墩附近水流湍急，移动式声呐冲刷监测常有翻船的危险。

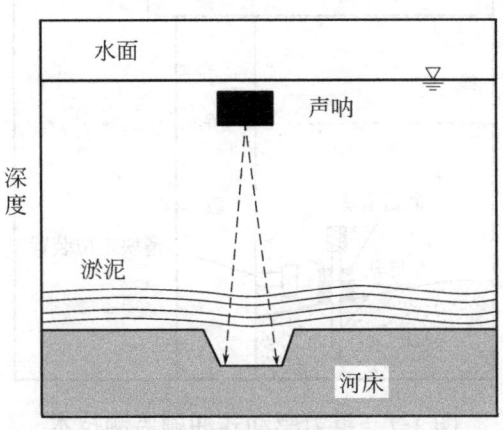

图 1-6　扇形扫描声呐冲刷监测技术

1.1.6　重力驱动式冲刷监测技术（图 1-7）

重力驱动式冲刷监测技术利用刚性导轨和滑块进行冲刷监测。该方法先将刚性导轨竖直插入冲刷监测位置处的河床内，再将安装在导轨上的滑块放置于河床面上，河床遭受冲刷下沉时，滑块在自重的驱动下沿刚性导轨随着河床面的下沉而不断下沉，采取一定的标签定位法来追踪滑块的位置就能获取该处河床面的冲刷信息。

该技术的难点在于如何对滑块进行较为精确的定位，根据定位方法不同，所存在的问题也不同，在这里不做过多赘述。

1.1.7　铁磁标签冲刷监测法（图 1-8）

国内外对铁磁标签冲刷监测法的研究尚处于初级阶段，其中以江胜华等的研究成果最具代表性。江胜华等将铁磁标签石块封于混凝土中，内置万向支架，将磁偶极子自由度由五降为三，减少了反演时的计算量；利用磁偶极子的反演公式反演出铁磁标签石块的位置后，根据桥墩局部冲刷铁磁标签石块起动公式来判定冲刷情况。

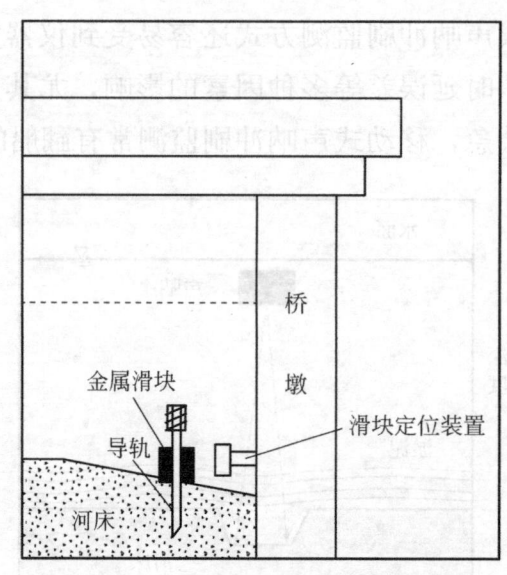

图1-7　重力驱动式冲刷监测技术

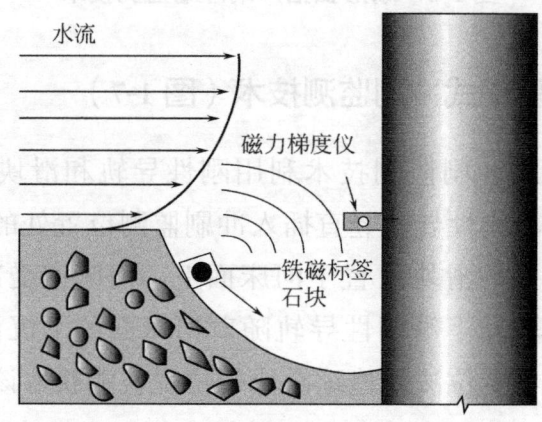

图1-8　铁磁标签冲刷监测技术

　　铁磁标签冲刷监测技术具有抗环境干扰能力强、精度相对较高、能实现实时监测等特点。虽然此种技术采取降自由度的方式减少计算量，对铁磁标签石块位置的反演相对准确，但是由于铁磁标签石块在桥墩下河床局部运动相对自由，铁磁标签传感器起动公式缺少普适性的说服力，监测单个铁磁标签石块位置极有可能不能准确反映冲刷情况。铁磁标签石块磁矩随时间的推移会产生变化，不利于超长时间监测；另外，磁力梯度仪造价昂贵，又降低了系统的经济性和普适性。

1.2　磁偶极子定位方法的研究现状

　　本书寻求新的磁偶极子定位方法，进一步简化计算过程，在达到最基本的监测目的的同时，满足经济性与普适性需求，因此需要对磁偶极子定位方法进行研究。

　　在 2.5 倍物体长度以上的空间，可以把磁性物体视作磁偶极子处理，能满足一般工程应用的要求。由于本书所使用的铁磁标签传感器大小的 2.5 倍一般情况下小于监测距离，所以将铁磁标签传感器等价为磁偶极子。磁偶极子的定位方法有四种：单点测量法、差分法、两点法和旋转不变量结合优化搜索法，其中最早采用的是单点测量法。

1.2.1　单点测量法（图 1-9）

　　空间内，磁场的三个分量（B_x，B_y，B_z）分别对 x、y、z 求导，构成包括九个要素的磁场梯度张量，记为式（1-2）。

$$G = \begin{bmatrix} B_{xx} & B_{xy} & B_{xz} \\ B_{yx} & B_{yy} & B_{yz} \\ B_{zx} & B_{zy} & B_{zz} \end{bmatrix} \tag{1-2}$$

　　实际测量时，坐标系采用大地坐标系，即 x 向为正北方向，y 向为正东方向，z 向为垂直向下，通过设计出相应的磁张量系统结构，由 Maxwell 方程可知，磁场的散度和旋度为零，即张量矩阵具有无迹性与对称性，即式（1-3）：

$$\begin{cases} B_{xy} = B_{yx} \\ B_{xz} = B_{zx} \\ B_{yz} = B_{zy} \\ B_{xx} + B_{yy} + B_{zz} = 0 \end{cases} \tag{1-3}$$

此时，磁场梯度张量的九个要素只有 B_{xy}、B_{xz}、B_{yz}、B_{yy} 和 B_{xx} 不相关。因此一般采用十字阵列（图 1-9）简化全磁场梯度张量阵列，利用差分替代微分，来测量磁场梯度张量，即式（1-4）：

$$G \approx \begin{bmatrix} \dfrac{\Delta B_x}{\Delta x} & \dfrac{\Delta B_x}{\Delta y} & \dfrac{\Delta B_x}{\Delta z} \\[3mm] \dfrac{\Delta B_y}{\Delta x} & \dfrac{\Delta B_y}{\Delta y} & \dfrac{\Delta B_y}{\Delta z} \\[3mm] \dfrac{\Delta B_z}{\Delta x} & \dfrac{\Delta B_z}{\Delta y} & \dfrac{\Delta B_z}{\Delta z} \end{bmatrix} \tag{1-4}$$

根据式（1-3），则其中：

$$\begin{cases} \dfrac{\Delta B_z}{\Delta z} = -\left(\dfrac{\Delta B_x}{\Delta x} + \dfrac{\Delta B_y}{\Delta y} \right) \\[3mm] \dfrac{\Delta B_z}{\Delta x} = \dfrac{\Delta B_x}{\Delta z} \\[3mm] \dfrac{\Delta B_z}{\Delta y} = \dfrac{\Delta B_y}{\Delta z} \\[3mm] \dfrac{\Delta B_y}{\Delta x} = \dfrac{\Delta B_x}{\Delta y} \end{cases} \tag{1-5}$$

最后，利用单点测量反演公式（1-6）来计算磁偶极子在空间中的位置三分量 r_x，r_y，r_z。式（1-6）中 B_x、B_y 和 B_z 由 0 号位置（图 1-9）的磁测仪测得。

$$G = \begin{bmatrix} B_{xx} & B_{xy} & B_{xz} \\ B_{yx} & B_{yy} & B_{yz} \\ B_{zx} & B_{zy} & B_{zz} \end{bmatrix} \begin{bmatrix} r_x \\ r_y \\ r_z \end{bmatrix} = -3 \begin{bmatrix} B_x \\ B_y \\ B_z \end{bmatrix} \tag{1-6}$$

单点测量法只需要单点观测就可以达到定位目的，即可以减少解的非唯一性，但式（1-6）中所需磁场三分矢量在实际测量中受背景磁场干扰，大范围监测情况下会产生较大误差；消除背景磁场影响，有差分法和两点法两种典型的反演方法。通过改变磁力计阵列模型，推导相应的反演公式，消除式（1-6）中的磁场项。

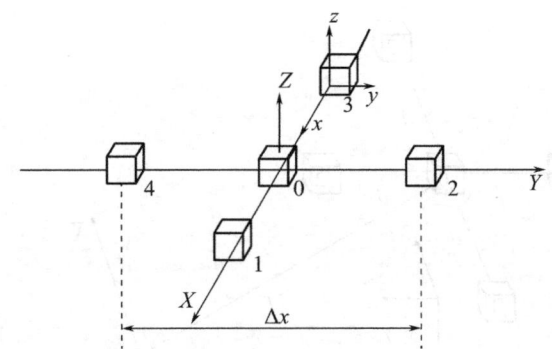

图 1-9　十字阵列测量磁张量

1.2.2　差分法（图 1-10）

采用大地坐标系，即 x 向为正北方向，y 向为正东方向，z 向为垂直向下。在一个平面内，使用 6 个高精度矢量传感器构成如图 1-10 所示的磁张量系统，相邻传感器的间距为 d，M 为磁偶极子的磁矩矢量，r 中的 r_x，r_y，r_z 为定位所要求取的参数值。

将式（1-6）两边分别对 x，y，z 求导，得到式（1-7）：

$$G = \begin{bmatrix} B_{xxx} & B_{xyx} & B_{xzx} \\ B_{yxy} & B_{yyy} & B_{yzy} \\ B_{zxz} & B_{zyz} & B_{zzz} \end{bmatrix} \begin{bmatrix} r_x \\ r_y \\ r_z \end{bmatrix} = -4 \begin{bmatrix} B_{xx} \\ B_{yy} \\ B_{zz} \end{bmatrix} \tag{1-7}$$

由式（1-3）知 $B_{xyx} = B_{yxx}$，$B_{xzx} = B_{zxx}$，$B_{yxy} = B_{xyy}$，$B_{yzy} = B_{zyy}$，因此可以通过 0 号探头、1 号探头及 3 号探头得到 B_{xxx0}，B_{xyx0}，B_{xzx0}，B_{xx0}。同理，由 0 号探头、2 号探头及 4 号探头得到 B_{yxy0}，B_{yyy0}，B_{yzy0}，B_{yy0}。

以 0 号探头、1 号探头及 3 号探头的 x 轴分量 B_{x0}，B_{x1}，B_{x3} 求取 B_{xxx0}，B_{xx0} 为例进行说明。已知 0 号探头、1 号探头及 3 号探头测得的磁场 x 轴分量 $B_{x0} = B_x(x_0)$，$B_{x1} = B_x(x_0 - d)$，$B_{x3} = B_x(x_0 + d)$ 得：

$$\begin{cases} B_{xxx0} = \dfrac{B_x(x_0 + d) + B_x(x_0 - d) - 2B_x(x_0)}{d^2} \\ B_{xx0} = \dfrac{B_x(x_0 + d) - B_x(x_0 - d)}{2d} \end{cases} \tag{1-8}$$

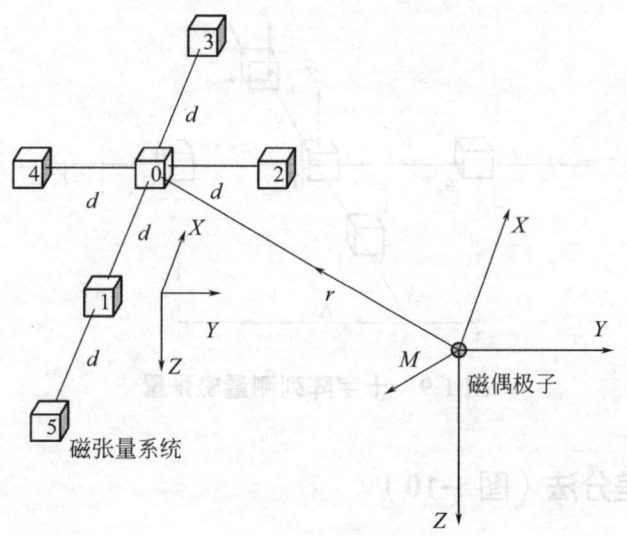

图 1-10　差分法阵列模型

由 $B_{xx} + B_{yy} + B_{zz} = 0$ 可知，式（1-7）中只有 2 个是有效的，取：

$$\begin{cases} B_{xxx0}r_x + B_{xyx0}r_y + B_{xzx0}r_y = -4B_{xx0} \\ B_{yxy0}r_x + B_{yyxy}r_y + B_{yzy0}r_y = -4B_{yy0} \end{cases} \tag{1-9}$$

由 0 号探头、1 号探头及 5 号探头所测得的 x 轴分量得 1 号探头处的 B_{xxx1}，B_{xyx1}，B_{xzx1}，B_{xx1}，可知式（1-10）成立：

$$B_{xxx1}r_x + B_{xyx1}r_y + B_{xzx1}r_y = -4B_{xx0} + B_{xxx1}d \tag{1-10}$$

综合式（1-9）、式（1-10），能够得到式（1-11）：

$$\begin{bmatrix} r_x \\ r_y \\ r_z \end{bmatrix} = \begin{bmatrix} B_{xxx0} & B_{xyx0} & B_{xzx0} \\ B_{yxy0} & B_{yyy0} & B_{yzy0} \\ B_{xxx1} & B_{xyx1} & B_{xzx1} \end{bmatrix}^{-1} \begin{bmatrix} -4B_{xx0} \\ -4B_{yy0} \\ -4B_{xx1} + B_{xxx1}d \end{bmatrix} \tag{1-11}$$

差分法就是根据式（1-11），将单点反演法中的线性关系公式求导，将式（1-6）中的原磁矢量项转化为磁梯度张量项，用差分代替磁张量的导数，消除了背景磁场的影响。

1. 2. 3　两点法（图 1-11）

两点法阵列模型如图 1-11 所示。设测量张量的两个点 A、B

对应的位置矢量分别为 r_A，$r_A+\Delta r$，目标所等效的磁偶极子的磁场用 B_t 表示，则根据式 (1-6) 有：

$$G_A r_A = -3B_{tA} \tag{1-12}$$

$$G_B(r_A+\Delta r) = -3B_{tB} \tag{1-13}$$

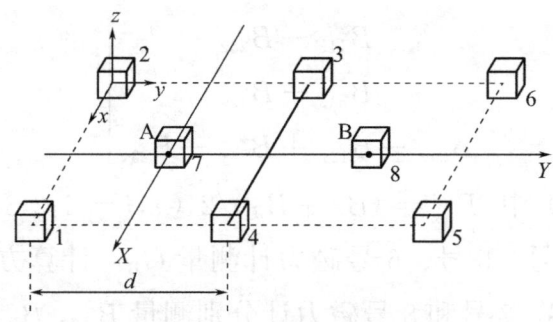

图 1-11　两点法阵列模型

由式 (1-13) 减去式 (1-12) 得：

$$r_A = (G_B - G_A)^{-1}\left[-3(B_{tB}-B_{tA})-G_B\Delta r\right] \tag{1-14}$$

实际工程中，背景磁场多是地磁场，在测量系统所处的范围内可以认为地磁场是匀强磁场，用 B_e 表示，三轴磁力计所测得的磁感应强度用 B 表示，在不考虑其他磁场干扰的情况下，在同一个坐标系下显然有：

$$B_A = B_e + B_{tA} \tag{1-15}$$

$$B_B = B_e + B_{tB} \tag{1-16}$$

用式 (1-16) 减去式 (1-15) 得：

$$B_{tB} - B_{tA} = B_B - B_A \tag{1-17}$$

将式 (1-17) 代入式 (1-14) 可得：

$$r_A = (G_B - G_A)^{-1}\left[-3(B_B-B_A)-G_B\Delta r\right] \tag{1-18}$$

其中，B_A、B_B、G_A、G_B 可以通过测量得到，Δr 由两点张量测量模型的设计决定，为已知量。

图中阵列共由 8 个三轴磁测仪组成（图 1-11），其中，1、2、3、4 号磁测仪组成边长为 d 的正方形张量阵列测量 G_A，计算公式为：

$$G_A = \frac{1}{d} \begin{bmatrix} B_{14x} - B_{23x} & \dfrac{B_{34x} - B_{12x} + B_{14y} - B_{23y}}{2} \\[3mm] \dfrac{B_{34x} - B_{12x} + B_{14y} - B_{23y}}{2} & B_{34y} - B_{12y} \\[3mm] B_{14z} - B_{23z} & B_{34z} - B_{12z} \end{bmatrix}$$

$$\begin{matrix} B_{14z} - B_{23z} \\ B_{34z} - B_{12z} \\ B_{34x} - B_{12x} + B_{14y} - B_{23y} \end{matrix} \Bigg] \tag{1-19}$$

式（1-19）中，$B_{ijk} = (B_{ik} + B_{jk})/2$（$i,j = 1,2,3,4; k = x, y, z$）。3 号、4 号、5 号、6 号磁力计测量 G_B，计算方法与 G_A 类似，不再赘述。7 号和 8 号磁力计分别测量 B_A、B_B，将所有测得的参数代入式（1-18），式中的 Δr 取 $[0, d, 0]^T$，就可反算出磁偶极子位置。综上所述，两点法就是用相邻的两个磁张量探测系统的数据及其中心矢量距离消除地磁影响。

1.2.4 旋转不变量结合优化搜索法

磁场梯度张量 G 为实对称矩阵，可通过特征值转化为对角矩阵，其特征值的方程为：

$$\lambda^3 - I_0 \lambda^2 + I_1 \lambda - I_2 = 0 \tag{1-20}$$

其中，I_0、I_1、I_2 分别为磁场梯度张量的旋转不变量。

$$\begin{cases} I_0 = B_{xx} + B_{yy} + B_{zz} = 0 \\ I_1 = B_{xx}B_{yy} + B_{xx}B_{zz} + B_{yy}B_{zz} - B_{xy}^2 - B_{xz}^2 - B_{zy}^2 \\ I_2 = \det G = B_{xx}(B_{yy}B_{zz} - B_{zy}^2) + B_{xy}(B_{yz}B_{xz} - \\ \qquad\qquad B_{xy}B_{zz}) + B_{xz}(B_{yz}B_{xy} - B_{xz}B_{yy}) \end{cases} \tag{1-21}$$

则磁场梯度张量的模量为

$$C_T = \left[\sum (G_{ij})^2\right]^{1/2} = (B_{xx}^2 + B_{yy}^2 + B_{zz}^2 + 2B_{xy}^2 + 2B_{xz}^2 + 2B_{yz}^2)^{1/2} \tag{1-22}$$

采用单点测量法的十字模型（图 1-9），计算得到磁场梯度张量的旋转不变量以及磁场梯度张量的模量，通过优化搜索来反演磁块位置。

以上四种方法，都使用了磁场矢量的差分来代替磁张量，这种做法一方面，随着磁力之间的基线长度增加，所产生的误差增加，且误差随着测量距离的增加愈加明显，这就使得整个系统对磁场量探测系统的精度要求非常高；另一方面，即使利用磁场散度和旋度为零的性质，将全磁场梯度张量的 9 个参数简化为 5 个，也需要 5 个三轴磁力计来构建磁张量测量系统，差分法需要 6 个三轴磁力计，两点法需要 8 个。这样就使得整个测量系统的造价过高，不利于实际工程的普及使用。

1.3 研究方法及技术路线

磁监测法具有精度高、受水体环境影响小的特点。根据 1.2 章节中各种定位方法的测量阵列，如果想在实际工程中普及磁监测法，就要尽量降低磁测仪的精度以及数量需求。而所有利用磁梯度张量定位的方法中，最简单的模型就是十字形（图 1-9）模型，但减少磁测仪的数量及精度就无法满足反演要求。

因此本书首先采取一定技术手段降低磁偶极子的自由度，以便推导简化的磁偶极子位置反演公式，从而减少磁测仪使用数量。铁磁标签冲刷监测法中（图 1-12），铁磁标签石块在三维水环境中的自由度为 5（M_x、M_y、M_z、M_θ 和 M_φ）。江胜华等人在降低铁磁标签石块自由度时，采取了内设万向支架的方法（图 1-13），将 M_θ 和 M_φ 固定为 0，从而将自由度降为 3（M_x、M_y 和 M_z）。其实，在重力驱动式冲刷监测法中（图 1-7），重块在三维水环境中被刚性导轨所限制，只能做上下移动，不能旋转和在河床平面上位移，自由度变为 1（M_z）。

因此，本书采用重力驱动法，将磁性标签固定在驱动导轨上，降低自由度。

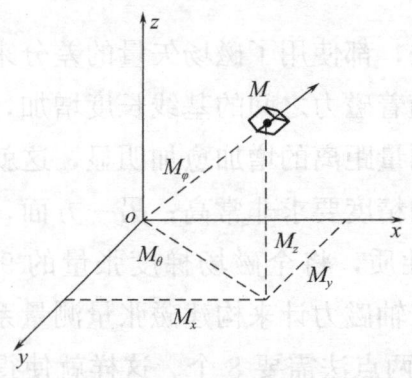

图 1-12 三维水环境中铁磁标签传感器自由度

永磁铁

万向支架

图 1-13 万向支架减少铁磁标签传感器自由度

由于声呐技术能够一次性地反映一片区域内的冲刷概况的特征，所以用声呐技术为重力导轨进行前置的点位选取。

根据重力驱动导轨的性质，最大程度模拟磁偶极子特征，设计铁磁标签传感器。

在用重力驱动法磁偶极子自由度为 1 的基础上，从磁偶极子磁场空间分布模型出发，推导简化的反演公式，满足实际工程的普适性。

根据反演公式特征，设计仿真分析与实验目标，利用 ANSYS 进行仿真和室内实验，通过仿真与实验分析结果，确定反演公式的适用性。

利用仿真与试验结果，对铁磁标签传感器各参数设置进行优化，给出设计要点。根据仿真与实验数据，布设传感器及采集设

　基于重力驱动磁传感的河床冲刷监测系统研究

备等相关监测设备。

最后，分析采集设备采集数据及反演公式特征，编写数据处理系统程序。

研究技术路线如图1-14所示。

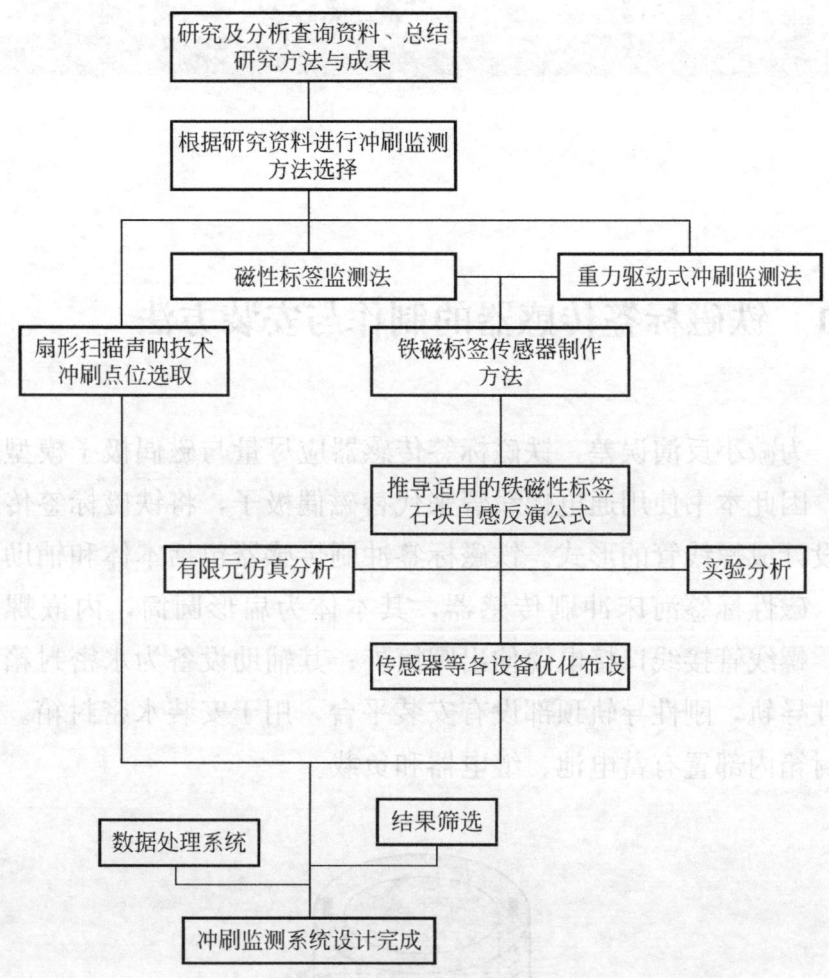

图1-14 研究技术路线

第2章

重力驱动式铁磁标签传感器的布设

2.1　铁磁标签传感器的制作与安装方法

为减小反演误差，铁磁标签传感器应尽量与磁偶极子模型相符，因此本书使用通电螺线管来代替磁偶极子，将铁磁标签传感器设计成螺线管的形式。铁磁标签冲刷传感器包括本体和辅助设备。磁性标签河床冲刷传感器，其本体为扁形圆筒，内嵌螺线管，螺线管接线口接电缆伸出圆筒外；其辅助设备为水密封箱和刚性导轨，刚性导轨顶部设有安装平台，用于安装水密封箱。水密封箱内部置有蓄电池、继电器和负载。

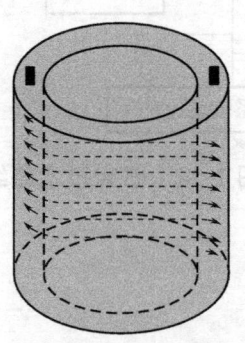

图 2-1　铁磁标签传感器本体

本体是一个圆筒（图 2-1）。为了更准确地起到定位作用，采用螺线管模拟磁偶极子，将螺线管固嵌于圆筒壁内部。圆筒高度范围根据所需螺线管高度而定，圆筒内径与外径根据所需螺线管线圈半径及绕线厚度裁定，螺线管内外预留保护层。内部螺线管的两接线口与防水电缆连接，然后穿过圆筒上截面外壁并伸出圆筒，暴露在监测环境中形成外置接线口。本体材料及其表面和收口处都做防水处理。

辅助设备包括重力驱动导轨及水密封箱（图 2-2）。水密封箱内部通过电缆串联普通蓄电池、继电器和负载，电缆线芯分别为蓄电池的输出线和输入线，通过电缆杯形管穿过水密封箱伸出箱外。重力驱动导轨为刚性圆柱体，其横截面积要小于本体圆筒内径面积，以便本体沿导轨下沉。重力驱动导轨插入河床内部，本体中空圆筒串在导轨上置于河床与水交界处，并跟随河床下移而下移。重力驱动导轨顶部设有用于安装水密封箱的安装平台。将水密封箱输出线与本体接线口连接，给本体内部螺线管供电，监测所产生的磁场，即可得知该处河床冲刷情况。磁性标签河床冲刷传感器可跟随河床上下移动并且释放相应的磁场信号。通过一定的定位手段可以获得磁性标签的竖向位置信息。同时，通过继电器可以控制传感器开关，通过开、关时刻磁场差，有效分离地球背景磁场及传感器间磁场的互相干扰。供电装置可在所监测河床无法满足供电需求时进行供电。

本传感器螺线管导体材料均使用防水薄膜保护，并在外部镀环氧富锌防锈漆，以隔绝水的渗入。

本传感器圆筒材料为防水混凝土，内掺氯化铁增强抗渗性，配合比符合设计规范即可。

本传感器刚性导轨材料要求为刚性防水非导体材料（如PVC），形状为圆柱体，表面光滑，半径要求能使本体圆筒串于其上且跟随河床下移，高度要求插入河床后能保持稳定且高于河床一定距离（能使本体圆筒串于其上）。

本传感器安装平台在刚性导轨顶端并与刚性导轨为一体，材料与刚性导轨相同，同时又是水密封箱的底座，起到固定水密封箱的作用。

本传感器水密封箱上盖为单面开口长方体，上盖开口面与安装平台底座通过周向螺栓及密封衬垫固定形成水密封箱，保证内部供电装置与水环境隔离。箱体侧面设有电缆，所述电缆经设置在箱体上的电缆杯形管节穿出箱体。

本传感器电缆的芯线包括电源输入线与输出线，为本体提供电源的同时又能接收外部电源输入。

磁性标签河床冲刷传感器的具体制作方法，包括以下步骤：

（1）根据所选采集设备的定位原理设定所需螺线管的匝数及半径，选用硬质防水电线绕制成螺线管，表面镀环氧富锌防锈漆，螺线管两接口可同时置于螺线管上方（下部接线口可在最后一匝延长返回上方）。

（2）根据螺线管的参数制作圆筒混凝土模具，要求螺线管上下内外均有约 1.5cm 的保护层。

（3）按照防水混凝土标准级配配制混凝土，内加适量氯化铁外加剂，将螺线管放入模具内，螺线管两接线口与防水电缆连接自上方伸出模具外，浇灌配制好的混凝土，在规定的时间拆模、养护。混凝土完全硬化后，在表面镀环氧富锌防锈漆。

（4）根据所制作的本体圆筒内径及高度，选择相应参数的刚性导轨。

（5）选择防水材料制作水密封箱上盖，侧面加工有电缆杯形管节的安装孔，电缆杯形管节与封箱上盖间密封连接。

（6）将蓄电池与继电器、负载以及水密封箱上盖内的输入线和输出线连接，然后通过周向螺栓及密封衬垫将上盖与底座连接，形成水密封箱。

（7）将本体圆筒从刚性导轨底部套入（图 2-3），用防水电缆接口连接水密封箱外的输出线与本体圆筒螺线管外接电缆线并预留足够的长度使本体圆筒能沿导轨向下运动。将刚性导轨插入所需监测的河床处，使本体圆筒底面与河床贴合，跟随河床的冲刷下移。

　　铁磁标签传感器采用了刚性导轨限制自由度，并且带有自供电系统和远程控制系统。该传感器能够产生稳定磁场，进而采用一定的采集定位方法可以定点地进行河床冲刷监测；自带的供电系统能够保证对无法长期供电的工程进行监测，远程控制开关又解决了传感器磁场与背景磁场的分离问题。

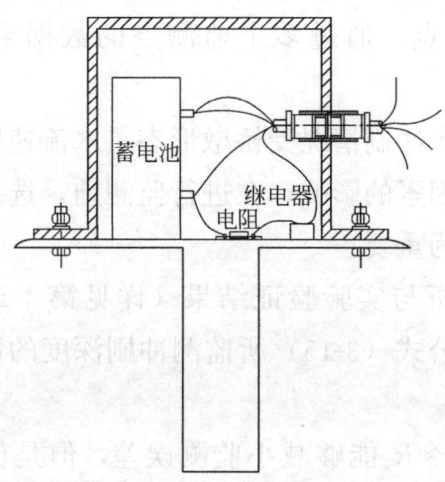

图 2-2　铁磁标签传感器辅助设备

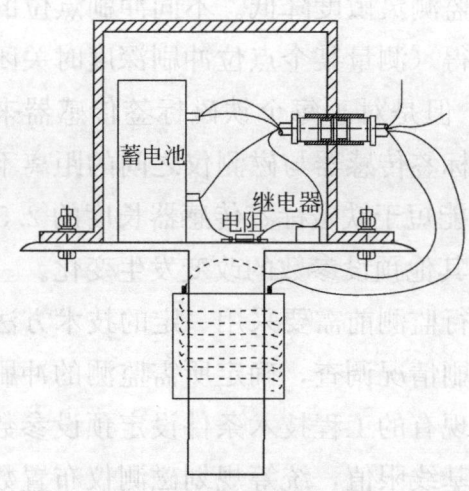

图 2-3　传感器总平面图

2.2 利用声呐技术进行监测点位选取

本书采用的重力驱动式冲刷监测方法约束铁磁标签传感器的自由度,使每个铁磁标签传感器能够定向监测单个点位。而单个点位无法准确反映整个河床遭受冲刷的情况,因此需要在河床面上设置多个监测点,通过多个监测点的数据来反映河床冲刷情况。

桥墩附近河床冲刷情况受桥墩形态、水流速度、河床深度和河床床体材质等因素的影响,在进行监测前,选择具有代表性的监测点位显得尤为重要。

本书仿真分析与实验验证结果(详见第 4 章、第 5 章)表明,基于用反演公式(3-15)所监测冲刷深度的误差大小与各预设参数息息相关。

增大线圈半径 R 能够减小监测误差,但是仿真实验结果表明,增加线圈半径 R,会导致低高差的反演结果误差增大,且增加线圈半径会使铁磁标签传感器底面积大幅度增加,进而增大与河床接触面,使监测灵敏度降低。不同冲刷点位的冲刷深度可由同一个磁测仪测得(测量某个点位冲刷深度时关闭临近的其他铁磁标签传感器),但是对于每个铁磁标签传感器来说,基线长度是有限的,铁磁标签传感器与磁测仪之间的距离不能超过基线长度 a 的限值,不能短于铁磁标签传感器长度的 2.5 倍;同时基线长度 a 限值会随其他预设参数的改变发生变化。

因此,在进行监测前需要采用一定的技术方法在宏观上大尺度地进行河床冲刷情况调查,确定所需监测的冲刷点位;然后根据冲刷特点以及现有的工程技术条件设定预设参数;最后根据所预设的参数确定基线限值,统筹规划磁测仪布置数量与地点,使整个监测系统经济、合理、有效。

扇形扫描声呐技术(图 2-4)的监测范围广,能反映大片尺

基于重力驱动磁传感的河床冲刷监测系统研究

度内河床冲刷情况，但受水体环境影响会产生不可预测的误差，且声呐设备造价昂贵，易遭受破坏，因此想要长期实时监测某一工程的冲刷情况，扇形扫描声呐技术的优先度不高。

本书利用扇形扫描声呐技术可以在稳定的环境下大尺度反映河床冲刷情况的优点，针对在建工程与已投入使用工程，采取不同的方法，利用其协助重力冲刷式铁磁标签传感器监测技术进行河床冲刷情况的宏观判定，为前期的监测点位选择以及预设参数规划提供优质数据。

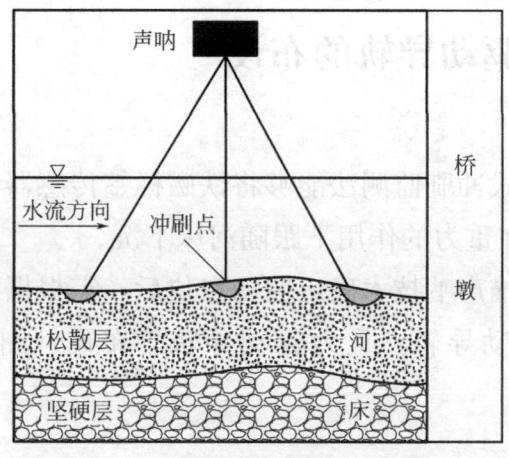

图 2-4　扇形扫描声呐技术示意图

2.2.1　在建工程

针对在建桥梁工程，由于河床在工程在建时遭受冲刷时间尚短，河床的负载未完全稳定，所以无法利用扇形扫描声呐技术直接反映该工程投入使用后的冲刷情况。因此需要利用其反映该工程上下游多个类似已投入使用的桥梁工程的河床冲刷情况，然后通过反映数据推测该工程预计冲刷情况，选取代表性监测点位，设定铁磁标签传感器参数。

2.2.2 已投入使用工程

在水体环境稳定的情况下，利用扇形扫描声呐技术反映该工程冲刷情况，然后选取代表性监测点位。

由于扇形扫描声呐设备只用于前期宏观冲刷情况的获取，不作为长期小尺度监测的主要手段，因此无论是在建工程还是已投入使用工程，都不建议采用固定式声呐设备，只需采用移动式声呐设备进行单轮监测，获取河床冲刷的宏观数据即可。

2.3 重力驱动导轨的布设

重力驱动式冲刷监测法能够将铁磁标签传感器的自由度约束为1，即只能在重力的作用下跟随河床下沉。

经扇形扫描声呐技术确定监测点位后，需根据地质条件等因素布设重力驱动导轨。重力驱动导轨的布设（图2-5）有以下要点：

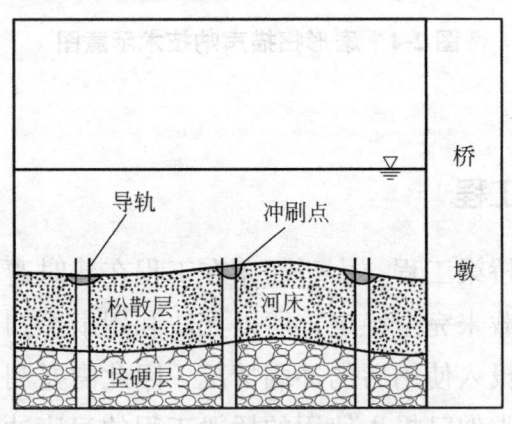

图2-5　重力驱动导轨布设示意图

（1）重力驱动导轨漏出河床部分要尽可能短，以免减少桥下净空而影响交通。

（2）重力驱动导轨要保持竖直（与磁测仪 z 轴方向保持一致），这就要求导轨呈刚性且插入河床较长深度；特别是当遇到松散河床时，需贯穿松散河床至密实层，并插入密实层较长深度，以免铁磁标签传感器 z 轴发生偏转。

（3）重力驱动导轨形状要与铁磁标签传感器耦合（本书采用圆柱形），要使铁磁标签传感器能够顺利跟随河床下沉，反映冲刷情况。

（4）重力冲刷导轨使用防水惰性材料制成，以适应复杂的水下环境。

第 3 章

磁偶极子位置反演公式的理论推导

为了利用磁场信息反演传感器的位置，本章基于磁偶极子磁场空间分布模式，推导了单自由度的磁偶极子位置反演公式。该公式没有涉及磁力梯度张量，因此大大简化了反演步骤与测量矩阵，具有良好的经济性与普适性。

3.1 磁偶极子磁场空间分布模式

建立右手空间直角坐标系（图 3-1），原点位于磁偶极子圆心，z 轴正向指向磁矩矢量的方向，相互垂直的 x 轴与 y 轴指向可任意定义。P 为空间任一点，其球坐标为 $P(r, \varphi_0, \theta_0)$，$r$ 为圆心至 M 的距离，φ_0 为天顶角，θ_0 为 P 所在子午面相对于 x 轴子午面的转角。

设磁偶极子所在空间充满磁导率为 μ 的介质，在圆周上任一点 $P\left(R, \dfrac{\pi}{2}, \theta\right)$ 处截取电流元 $I\mathrm{d}l$，根据毕奥——萨伐尔定律，该电流元在空间一点 M 处所产生的磁感应强度矢量为：

$$\mathrm{d}B = \frac{\mu}{4\pi} \frac{I\mathrm{d}\vec{l} \times \vec{a}}{a^3} \tag{3-1}$$

其中，$\mathrm{d}\vec{l}$ 为 P 点处的圆周切向量，$\vec{a}$ 为向量 $\overrightarrow{PM}$，由球坐标下两点距离公式得：

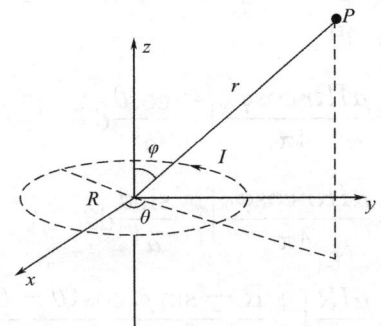

图 3-1　磁偶极子磁场空间分布模式示意图

$$|\vec{a}| = \sqrt{(r^2 + R^2 - 2Rr\sin\varphi_0\cos(\theta - \theta_0))} \tag{3-2}$$

因圆周可用参数方程表示为：

$$\begin{cases} x = R\cos\theta \\ y = R\sin\theta \\ z = 0 \end{cases} \tag{3-3}$$

所以圆周切向量为：

$$\mathrm{d}\vec{l} = (-R\sin\theta\,\mathrm{d}\theta, R\cos\theta\,\mathrm{d}\theta, 0) \tag{3-4}$$

从图 3-1 易知：

$$\begin{cases} \overrightarrow{OM} = (r\sin\varphi_0\cos\theta_0, r\sin\varphi_0\sin\theta_0, r\cos\varphi_0) \\ \overrightarrow{OP} = (R\cos\varphi, R\sin\varphi, 0) \end{cases} \tag{3-5}$$

所以向量：

$$\vec{\alpha} = \overrightarrow{PM} = \overrightarrow{OM} - \overrightarrow{OP} = \begin{bmatrix} r\sin\varphi_0\cos\theta_0 - R\cos\theta \\ r\sin\varphi_0\sin\theta_0 - R\sin\theta \\ r\cos\varphi_0 \end{bmatrix} \tag{3-6}$$

则：

$$\mathrm{d}\vec{l} \times \vec{\alpha} = \begin{bmatrix} \vec{i} & \vec{j} & \vec{k} \\ -R\sin\theta\,\mathrm{d}\theta & R\cos\theta\,\mathrm{d}\theta & 0 \\ r\sin\varphi_0\cos\theta_0 - R\cos\theta & r\sin\varphi_0 - R\sin\theta & r\cos\varphi_0 \end{bmatrix} \tag{3-7}$$

设磁感应强度矢量为 $\vec{B} = B_x \vec{i} + B_y \vec{j} + B_z \vec{k}$。将式（3-4）、式（3-7）带入式（3-1）得：

$$\begin{cases} B_x = \dfrac{\mu I R r \cos\varphi_0}{4\pi} \displaystyle\int_0^{2\pi} \dfrac{\cos\theta}{a^3} \mathrm{d}\theta \\[3mm] B_y = \dfrac{\mu I R r \cos\varphi_0}{4\pi} \displaystyle\int_0^{2\pi} \dfrac{\sin\theta}{a^3} \mathrm{d}\theta \\[3mm] B_z = \dfrac{\mu I R}{4\pi} \displaystyle\int_0^{2\pi} \dfrac{R - \sin\varphi_0 \cos(\theta - \theta_0)}{a^3} \mathrm{d}\theta \end{cases} \tag{3-8}$$

由式（3-2）得：

$$a^{-3} = \dfrac{1}{\left(\sqrt{R^2 + r^2}\right)^3} \left[1 + A\cos(\theta - \theta_0) \right]^{-3/2} \tag{3-9}$$

其中，$A = -\dfrac{2Rr\sin\varphi_0}{R^2 + r^2}$。显然，当 $\theta \neq \theta_0$ 时，$|A\cos(\theta - \theta_0)| <$

1，由于 $(1+x)^m = 1 + mx + \dfrac{m(m-1)}{2!}x^2 + \dfrac{m(m-1)(m-2)}{3!}x^3 +$

$\cdots (|x| < 1)$，所以式（3-9）可变为式（3-10）：

$$a^{-3} = \dfrac{1}{\left(\sqrt{R^2 + r^2}\right)^3} \left[1 + B_1\cos(\theta - \theta_0) + B_2\cos^2(\theta - \theta_0) + \cdots \right]$$

$$\tag{3-10}$$

其中，$B_1 = -\dfrac{3}{2}A$，$B_2 = \dfrac{-3 \times -5}{2^2 \times 2!}A^2$。

将式（3-10）只取 B_1 项并代入式（3-8），积分整理得：

$$\begin{cases} B_x = \dfrac{3\mu}{8} \dfrac{IR^2}{\left(\sqrt{R^2 + r^2}\right)^3} \dfrac{r^2\sin 2\varphi_0 \cos\theta_0}{(R^2 + r^2)} \\[3mm] B_y = \dfrac{3\mu}{8} \dfrac{IR^2}{\left(\sqrt{R^2 + r^2}\right)^3} \dfrac{r^2\sin 2\varphi_0 \sin\theta_0}{(R^2 + r^2)} \\[3mm] B_z = \dfrac{\mu}{2} \dfrac{IR^2}{\left(\sqrt{R^2 + r^2}\right)^3} \left(1 - \dfrac{3}{2} \dfrac{r^2\sin^2\varphi_0}{R^2 + r^2}\right) \end{cases} \tag{3-11}$$

该式就是空间一点 $M(r, \varphi_0, \theta_0)$ 的磁感应强度三分量表达式。

考虑到工程中线圈匝数不为 1，对于 n 匝线圈，实际公式修改为：

$$\begin{cases} B_x = \dfrac{3n\mu}{8} \dfrac{IR^2}{\left(\sqrt{R^2+r^2}\right)^3} \dfrac{r^2\sin2\varphi_0\cos\theta_0}{(R^2+r^2)} \\[3mm] B_y = \dfrac{3n\mu}{8} \dfrac{IR^2}{\left(\sqrt{R^2+r^2}\right)^3} \dfrac{r^2\sin2\varphi_0\sin\theta_0}{(R^2+r^2)} \\[3mm] B_z = \dfrac{n\mu}{2} \dfrac{IR^2}{\left(\sqrt{R^2+r^2}\right)^3}\left(1-\dfrac{3}{2}\dfrac{r^2\sin^2\varphi_0}{R^2+r^2}\right) \end{cases} \qquad (3\text{-}12)$$

式（3-12）即为磁偶极子所产生的磁场三分量的三维空间分布公式。

3.2　反演公式推导

在实际工程中采用重力驱动法将铁磁标签传感器（即磁偶极子）自由度降为 1，将磁测仪放置到铁磁标签传感器（磁偶极子）周围 P 点，P 到 z 轴垂直的距离为 a（本书定义为基线），到 xoy 坐标平面的距离为 h（图 3-2）。此时式（3-12）中，$r^2 = a^2 + h^2$、$\sin\varphi_0 = \dfrac{a}{\sqrt{a^2+h^2}}$、$\cos\varphi_0 = \dfrac{h}{\sqrt{a^2+h^2}}$。监测时，铁磁标签传感器

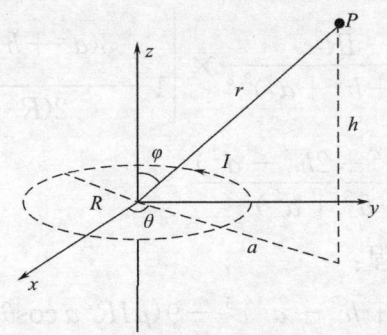

图 3-2 重力驱动法坐标变换示意图

（磁偶极子）随着河床的冲刷下沉，磁测仪与磁偶极子中心 o 的相对位置发生变化，变化的参数只有 h，设冲刷前 P 到 xoy 坐标平面的距离为 h'，冲刷后 P 到 xoy 坐标平面的距离为 h_0。预先设定最开始时的 h'，通过公式，反演出冲刷后的 h_0，则河床在该点的冲刷深度 $\triangle h = h_0 - h'$。

将 $r^2 = a^2 + h^2$、$\sin\varphi_0 = \dfrac{a}{\sqrt{a^2 + h^2}}$ 和 $\cos\varphi_0 = \dfrac{h}{\sqrt{a^2 + h^2}}$ 代入

公式（3-11）中：

$$B_x = \frac{3\mu}{8} \times \frac{IR^2}{(R^2 + h^2 + a^2)^{3/2}} \times$$

$$\frac{(a^2 + h^2) \times 2 \times \dfrac{a}{\sqrt{a^2 + h^2}} \times \dfrac{h}{\sqrt{a^2 + h^2}} \times \sin\theta}{(R^2 + h^2 + a^2)}$$

$$= \frac{3\mu IR^2 ah \sin\theta}{4(R^2 + h^2 + a^2)^{5/2}}$$

$$B_y = \frac{3\mu}{8} \times \frac{IR^2}{(R^2 + h^2 + a^2)^{3/2}} \times$$

$$\frac{(a^2 + h^2) \times 2 \times \dfrac{a}{\sqrt{a^2 + h^2}} \times \dfrac{h}{\sqrt{a^2 + h^2}} \times \cos\theta}{(R^2 + h^2 + a^2)}$$

$$= \frac{3\mu IR^2 ah \cos\theta}{4(R^2 + h^2 + a^2)^{5/2}}$$

$$B_z = \frac{\mu}{2} \times \frac{IR^2}{(R^2 + h^2 + a^2)^{3/2}} \times \left[1 - \frac{3(a^2 + h^2) \times \dfrac{a^2}{(a^2 + h^2)}}{2(R^2 + h^2 + a^2)} \right]$$

$$= \frac{\mu IR^2 (2R^2 + 2h^2 - a^2)}{4(R^2 + h^2 + a^2)^{5/2}}$$

分别简化得方程：

$$16 B_x^2 (R^2 + h^2 + a^2)^5 - 9(\mu IR^2 a \cos\theta)^2 h^2 = 0$$

$$16 B_y^2 (R^2 + h^2 + a^2)^5 - 9(\mu IR^2 a \sin\theta)^2 h^2 = 0 \qquad (3\text{-}13)$$

$$16 B_z^2 (R^2 + h^2 + a^2)^5 - 9(\mu IR^2)^2 (2R^2 + 2h^2 - a^2)^2 = 0$$

显然，在已知磁偶极子磁场的任一分量（B_x、B_y、B_z）、实际工程设定好各项参数（μ、R、I、a、$\sin\theta$、$\cos\theta$）的情况下，式（3-13）中的任一式都是关于 h^2 的一元五次方程，理论上存在数值解。但存在以下几大问题：

（1）根据磁偶极子磁场三分量公式，可知在不同的环境中，磁导率 μ 不同，因此水体环境磁导率 μ 会根据水质的不同而不同且容易发生变化，这就给直接利用三分量公式反演磁偶极子位置带来不便；

（2）公式中的 I 在实际工程中会因设备的老化而发生变化，会使反演结果的误差随着时间的推移越来越大；

（3）各项参数在公式中都取其 10 次方进行计算，而实际操作的过程中，任一参数的设定都不可避免地会有误差，10 次方运算使得误差大大增加，对反演结果影响十分大；

（4）无法得到 5 次方程理论解，只有数值解，且最多存在 5 个数值解，难以甄别。

为了消除磁导率 μ 以及电流 I 对反演结果的影响，考虑用 $\dfrac{\sqrt{B_y^2+B_x^2}}{B_z}$ 进行消元，推导过程如下：

$$\frac{\sqrt{B_y^2+B_x^2}}{B_z}=\frac{\sqrt{\left(\dfrac{3\mu IR^2 ah\sin\theta}{4(R^2+h^2+a^2)^{5/2}}\right)^2+\left(\dfrac{3\mu IR^2 ah\cos\theta}{4(R^2+h^2+a^2)^{5/2}}\right)^2}}{\dfrac{\mu IR^2(2R^2+h^2-a^2)}{4(R^2+h^2+a^2)^{5/2}}}$$

$$=\frac{3ah}{2R^2+h^2-a^2}$$

将该方程写成关于 h 的一元二次方程的形式，即：

$$\frac{2\sqrt{B_y^2+B_x^2}}{B_z}h^2-3ah+\frac{\sqrt{B_y^2+B_x^2}}{B_z}(2R^2-a^2)=0 \quad (3\text{-}14)$$

令 $B_r=\sqrt{B_y^2+B_x^2}$，有

$$\frac{2B_r}{B_z}h^2-3ah+\frac{B_r}{B_z}(2R^2-a^2)=0 \qquad (3\text{-}15)$$

实际工程中，事先设定磁测仪到铁磁标签传感器的基线长度 a 和磁块线圈半径 R，由三轴磁测仪测得铁磁标签传感器通电情况下的磁场三分量 B_0（B_{x0}、B_{y0}、B_{z0}），关闭铁磁标签传感器，再测得此时背景磁场三分量 B_b（B_{xb}、B_{yb}、B_{zb}），用 $B_0 - B_b$，即可得到此时铁磁标签传感器的感应磁场 B（B_x、B_y、B_z），将 B（B_x、B_y、B_z）代入式（3-15）即可求得关于 h 的最多两个解，根据实际情况排除其中一解，剩下的解即为此时河床到磁测仪的垂直距离，与冲刷前垂直距离比较即可得到传感器所在点的冲刷深度。

式（3-15）采用联立相除法消除了易发生变化的参数，同时消除了大部分参数误差；所需参数形式简单，对参数精度要求大幅度降低；反演结果存在理论解且只有两个，筛选简单。因此该反演公式可作为铁磁性传感器反演公式，本书将使用 ANSYS 有限元模拟分析以及实验验证的方式来验证公式（3-15）的合理性。

3.3　本章小结

本章结合磁偶极子空间分布模式中的磁矢量三分量公式，通过变换坐标系与联立消除法，推导出了单自由度磁偶极子定位公式（3-15）。式（3-15）所需参数易获得，对精度要求较低，解易筛选，可用于反演第 2 章中的铁磁标签传感器位置，从而达到监测河床冲刷情况的目的。

第4章 ANSYS 有限元仿真分析

4.1 有限元仿真分析目标

4.1.1 反演公式可行性研究

根据有限元分析验证反演公式的可行性，大体确定基本对照工况下基线长度 a（即磁测仪与铁磁标签传感器水平距离）的可行范围。

根据式（3-12）可知，在磁测仪与磁偶极子高差为基线长度 a 的 ±0.707 倍时，B_z 接近 0，猜测此时的反演结果易受螺线管形态影响。通过有限元仿真验证高差为基线长度 a 的 ±0.707 倍时反演公式（3-15）是否依然可行。

4.1.2 研究各预设参数对反演结果产生的影响

实际工程应用中，存在铁磁标签传感器内部螺线管绕线高度 L、铁磁标签传感器线圈半径 R、线圈匝数 n，基线长度 a、绕线厚度 d（影响线圈半径 R）、电流 I 等需要预先设定的参数（图4-1）。

通过对有限元模拟的结果，分析预设参数对反演结果的影响。

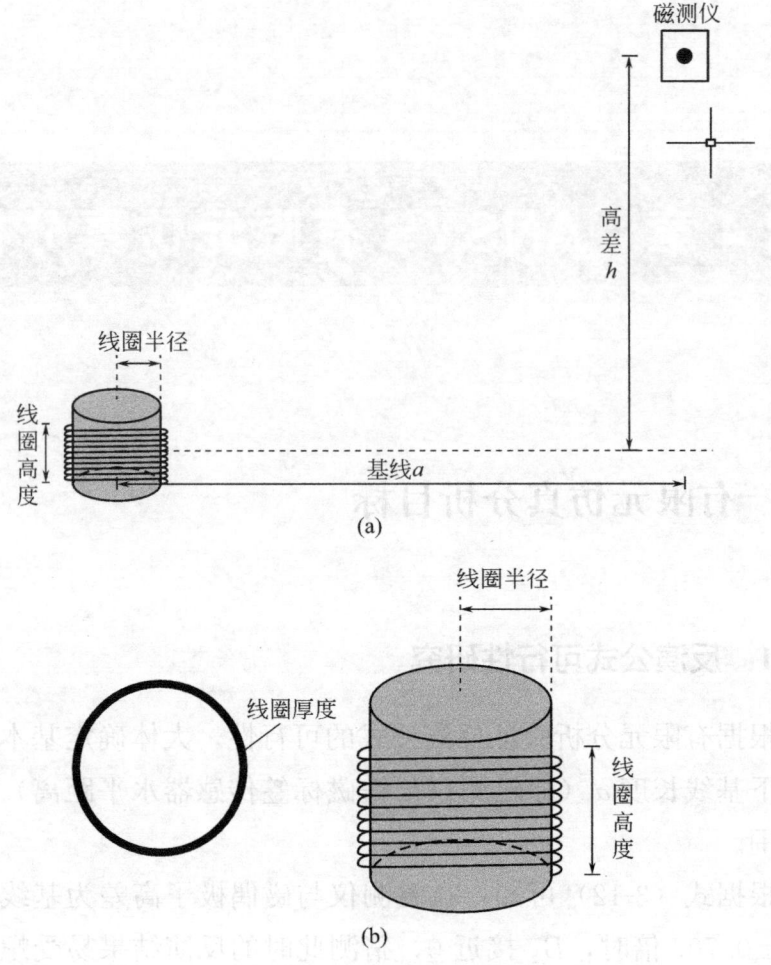

图 4-1　预设参数示意图

4.1.3　为实验对照组的设定提供理论依据

根据有限元分析结果的分析，初步确定各变量对反演结果的影响，以此为依据设定实验对照组。

4.2　有限元仿真分析变量的确定

线圈半径 R、基线长度 a、绕线厚度 d 和绕线高度 L 在三维环境中对磁场三分量的影响十分复杂，因此确定 R、a、d、L 为变量。另外线圈匝数 n 和电流 I 与各磁场分量都成简单的正比关系，两者对反演结果的影响基本相同，因此只选取电流 I 作为变量。

有限元仿真变量确定为线圈半径 R、基线长度 a、绕线厚度 d、绕线高度 L 和电流 I。

4.3　有限元仿真分析工况设置

4.3.1　基本对照工况的确定

根据式（3-12），理论上，铁磁标签传感器在三维空间某点产生的磁场强度与 I 成正比，与 R 正相关，与 r 负相关。为满足实际工程需要，要尽量增大磁场强度，提升监测可靠度。而线圈半径 R 影响铁磁标签传感器底面积大小，底面积太大会阻碍铁磁标签传感器的下移，从而影响监测结果可靠度，半径太小会使铁磁标签传感器产生磁性太小，无法满足监测要求。而 I 在实际工程应用中也无法无限增大。因此结合实际情况定义基本对照工况为：$a=$ 1m，$R=0.08$m，$I=2$A，$L=0.1$m，$d=0.003$m，$n=250$ 匝。

理论上，基本对照工况在铁磁标签传感器与磁测仪高差为 0.1m 的情况下，在水平方向与竖直方向上的磁场感应强度约为 2.90mGs 和 9.34mGs，大幅度高于一般场景背景磁场变化量（最大为 0.4mGs），满足使用要求。

4.3.2　各对照组工况设定

基线长度 a 对照组：

仿真工况①：$a=0.5$m，$R=0.08$m，$I=2$A，$L=0.1$m，$d=$ 0.003m，$n=250$ 匝。

仿真工况②：$a=1$m，$R=0.08$m，$I=2$A，$L=0.1$m，$d=$ 0.003m，$n=250$ 匝。

仿真工况③：$a=1.5$m，$R=0.08$m，$I=2$A，$L=0.1$m，$d=0.003$m，$n=250$匝。

仿真工况④：$a=2$m，$R=0.08$m，$I=2$A，$L=0.1$m，$d=0.003$m，$n=250$匝。

绕线高度 L 对照组：

仿真工况⑤：$a=1$m，$R=0.08$m，$I=2$A，$L=0.06$m，$d=0.003$m，$n=250$匝。

仿真工况⑥：$a=1$m，$R=0.08$m，$I=2$A，$L=0.08$m，$d=0.003$m，$n=250$匝。

仿真工况⑦：$a=1$m，$R=0.08$m，$I=2$A，$L=0.1$m，$d=0.003$m，$n=250$匝。

仿真工况⑧：$a=1$m，$R=0.08$m，$I=2$A，$L=0.12$m，$d=0.003$m，$n=250$匝。

线圈半径 R 对照组：

仿真工况⑨：$a=1$m，$R=0.08$m，$I=2$A，$L=0.1$m，$d=0.003$m，$n=250$匝。

仿真工况⑩：$a=1$m，$R=0.10$m，$I=2$A，$L=0.1$m，$d=0.003$m，$n=250$匝。

仿真工况⑪：$a=1$m，$R=0.12$m，$I=2$A，$L=0.1$m，$d=0.003$m，$n=250$匝。

仿真工况⑫：$a=1$m，$R=0.14$m，$I=2$A，$L=0.1$m，$d=0.003$m，$n=250$匝。

绕线厚度 d 对照组：

仿真工况⑬：$a=1$m，$R=0.08$m，$I=2$A，$L=0.1$m，$d=0.002$m，$n=250$匝。

仿真工况⑭：$a=1$m，$R=0.08$m，$I=2$A，$L=0.1$m，$d=0.003$m，$n=250$匝。

仿真工况⑮：$a=1$m，$R=0.08$m，$I=2$A，$L=0.1$m，$d=0.004$m，$n=250$匝。

仿真工况⑯：$a=1$m，$R=0.08$m，$I=2$A，$L=0.1$m，$d=$

0.005m，$n=250$ 匝。

电流 I 对照组：

仿真工况⑰：$a=1$m，$R=0.08$m，$I=1$A，$L=0.1$m，$d=$ 0.003m，$n=250$ 匝。

仿真工况⑱：$a=1$m，$R=0.08$m，$I=2$A，$L=0.1$m，$d=$ 0.003m，$n=250$ 匝。

仿真工况⑲：$a=1$m，$R=0.08$m，$I=4$A，$L=0.1$m，$d=$ 0.003m，$n=250$ 匝。

仿真工况⑳：$a=1$m，$R=0.08$m，$I=8$A，$L=0.1$m，$d=$ 0.003m，$n=250$ 匝。

以上 20 个仿真工况中，工况序号②⑥⑨⑭⑱参数相同，均为基本对照工况。

4.4 有限元仿真结果及分析

4.4.1 基线长度 a 对照组

有限元仿真结果（图 4-2）。

仿真工况①：$a=0.5$m，$R=0.08$m，$I=2$A，$L=0.1$m，$d=$ 0.003m，$n=250$ 匝。

仿真感应磁场与理论感应磁场对比及反演误差曲线图见图 4-3，详细结果统计表见表 4-1。

仿真工况②：$a=1$m，$R=0.08$m，$I=2$A，$L=0.1$m，$d=$ 0.003m，$n=250$ 匝。

仿真感应磁场与理论感应磁场对比及反演误差曲线见图 4-4，详细结果统计表见表 4-2。

仿真工况③：$a=1.5$m，$R=0.08$m，$I=2$A，$L=0.1$m，$d=$ 0.003m，$n=250$ 匝。

仿真工况④：$a=2$m，$R=0.08$m，$I=2$A，$L=0.1$m，$d=$ 0.003m，$n=250$ 匝。

仿真感应磁场与理论感应磁场对比及反演误差曲线见图4-5，详细结果统计见表4-3。

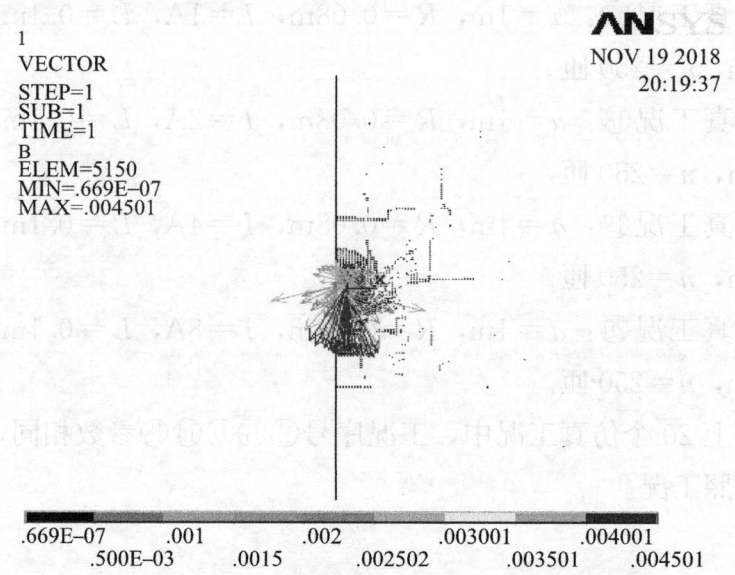

图 4-2　仿真工况①～④有限元仿真结果

仿真工况①结果统计表　　　　　　　　表 4-1

实际高差 h(m)	B_r (理论值，$\times\mu$)	B_z (理论值，$\times\mu$)	B_r (ANSYS，$\times\mu$)	B_z (ANSYS，$\times\mu$)	反演高差 h_0(m)	反演误差 (%)
0.1	3.2760	−4.7436	3.7532	−5.6643	0.0965	3.45
0.2	5.0178	−2.6293	5.6401	−3.1348	0.1941	2.94
0.3	5.0975	−0.6479	5.5247	−0.8163	0.2934	2.19
0.42	4.0898	0.7504	4.3931	0.73311	0.4126	1.76
0.49	3.3851	1.1192	3.6231	1.1319	0.4809	1.85
0.6	2.4136	1.2948	2.5397	1.3365	0.5943	0.96
0.7	1.7452	1.2346	1.8534	1.2896	0.6930	1.00
0.8	1.2618	1.0966	1.3197	1.1402	0.7968	0.40
0.9	0.9196	0.9420	0.96406	0.98068	0.8954	0.51
1	0.6782	0.7970	0.70886	0.82869	0.9959	0.41
1.1	0.5069	0.6706	0.5284	0.69651	1.0967	0.30
1.146	0.4454	0.6192	0.46508	0.64025	1.1368	0.80

实际高差 h(m)	B_r (理论值,$\times\mu$)	B_z (理论值,$\times\mu$)	B_r (ANSYS,$\times\mu$)	B_z (ANSYS,$\times\mu$)	反演高差 h_0(m)	反演误差 (%)
1.35	0.2599	0.4375	0.27173	0.4569	1.3490	0.07
1.4	0.2297	0.4029	0.23855	0.41827	1.3998	0.01
1.5	0.1809	0.3429	0.18739	0.35562	1.5023	0.15

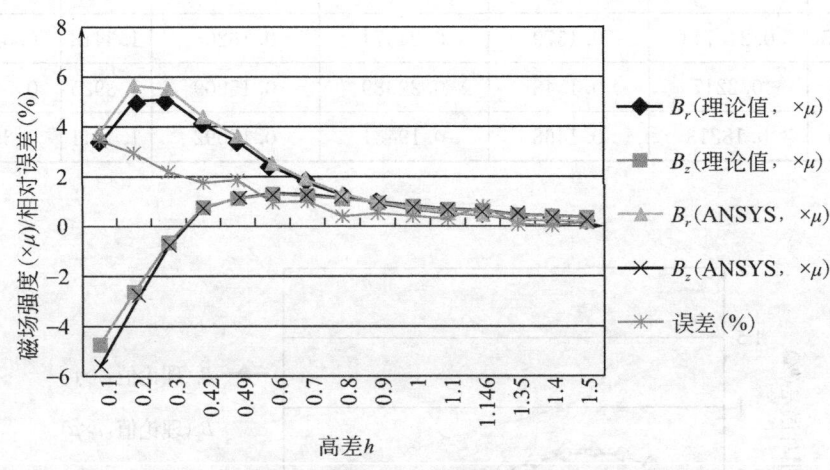

图 4-3 仿真工况①感应磁场对比及误差曲线图

仿真工况②结果统计表　　　　　　　　表 4-2

实际高差 h(m)	B_r (理论值,$\times\mu$)	B_z (理论值,$\times\mu$)	B_r (ANSYS,$\times\mu$)	B_z (ANSYS,$\times\mu$)	反演高差 h_0(m)	反演误差 (%)
0.1	0.2304	−0.7429	0.244	−0.79856	0.0986	1.43
0.2	0.4285	−0.6479	0.45336	−0.69666	0.1973	1.37
0.3	0.5720	−0.5130	0.60429	−0.55213	0.2961	1.28
0.4	0.6533	−0.3632	0.68905	−0.39208	0.3952	1.18
0.5	0.6782	−0.2202	0.71394	−0.23966	0.4945	1.09
0.6	0.6598	−0.0979	0.69329	−0.10959	0.5939	1.01
0.7	0.6133	−0.0021	0.64331	−0.00791	0.6934	0.94

实际高差 h(m)	B_r（理论值，$\times\mu$）	B_z（理论值，$\times\mu$）	B_r（ANSYS，$\times\mu$）	B_z（ANSYS，$\times\mu$）	反演高差 h_0(m)	反演误差（%）
0.8	0.5520	0.0673	0.57805	0.065651	0.7928	0.89
0.9	0.4857	0.1138	0.50786	0.11487	0.8923	0.85
1	0.4208	0.1420	0.43926	0.14488	0.9922	0.78
1.05	0.3901	0.1508	0.40678	0.15433	1.0425	0.71
1.245	0.285955	0.1617	0.29724	0.16579	1.2359	0.72
1.35	0.240714	0.1579	0.24974	0.16206	1.3413	0.64
1.4	0.2217	0.1548	0.22989	0.15909	1.3925	0.54
1.5	0.18813	0.1468	0.19451	0.15092	1.4941	0.39

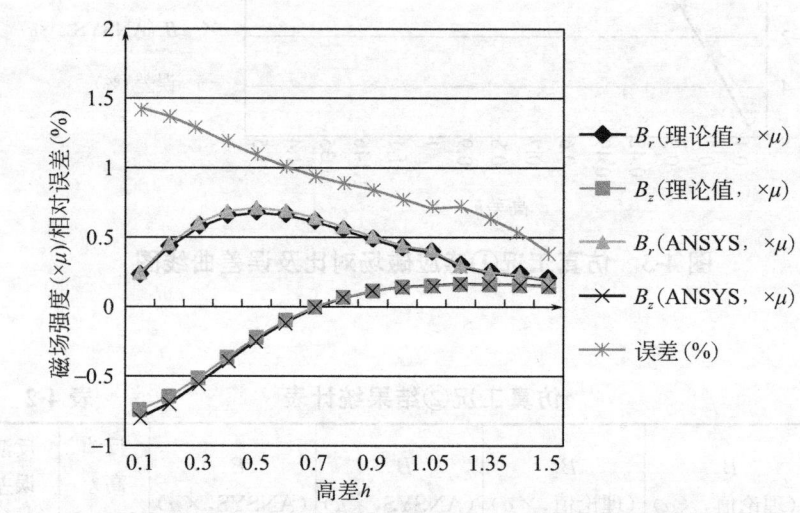

图 4-4　仿真工况②感应磁场对比及误差曲线图

仿真工况③结果统计表　　　　　　　　　表 4-3

实际高差 h(m)	B_r（理论值，$\times\mu$）	B_z（理论值，$\times\mu$）	B_r（ANSYS，$\times\mu$）	B_z（ANSYS，$\times\mu$）	反演高差 h_0(m)	反演误差（%）
0.15	0.0688	−0.2237	0.071938	−0.23833	0.1471	1.90
0.2	0.0900	−0.2159	0.094274	−0.23013	0.1966	1.69

基于重力驱动磁传感的河床冲刷监测系统研究

实际高差 h(m)	B_r (理论值, $\times\mu$)	B_z (理论值, $\times\mu$)	B_r (ANSYS, $\times\mu$)	B_z (ANSYS, $\times\mu$)	反演高差 h_0(m)	反演误差 (%)
0.3	0.1280	−0.1951	0.1336	−0.20829	0.2942	1.93
0.4	0.1586	−0.1689	0.16575	−0.18086	0.3927	1.80
0.5	0.1809	−0.1397	0.18867	−0.15016	0.4903	1.93
0.6	0.1950	−0.1096	0.20349	−0.11857	0.5887	1.87
0.7	0.2016	−0.0804	0.20989	−0.08797	0.6864	1.93
0.8	0.2017	−0.0536	0.21001	−0.05981	0.7847	1.91
0.9	0.1967	−0.0299	0.20447	−0.03497	0.8825	1.93
1	0.1881	−0.0099	0.19536	−0.01386	0.9808	1.92
1.1	0.1770	0.00653	0.18345	0.003471	1.0791	1.90
1.2	0.1644	0.0195	0.17022	0.017254	1.1778	1.85
1.3	0.1512	0.0295	0.15624	0.027841	1.2769	1.77
1.4	0.1380	0.0368	0.14231	0.035683	1.3766	1.66
1.45	0.1315	0.0396	0.13544	0.038667	1.4265	1.62

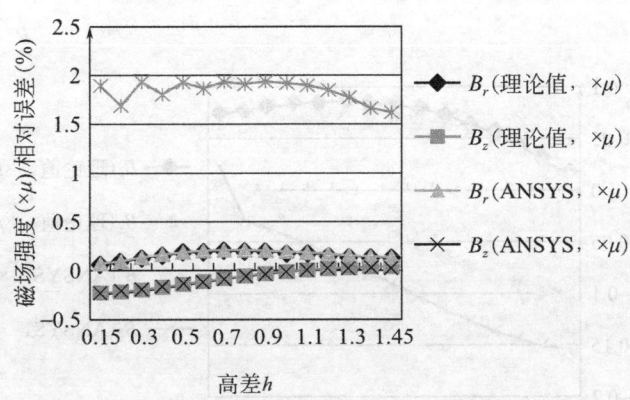

图 4-5 仿真工况③感应磁场对比及误差曲线图

仿真工况④: $a=2$m, $R=0.08$m, $I=2$A, $L=0.1$m, $d=0.003$m, $n=250$ 匝。

仿真感应磁场与理论感应磁场对比见图 4-6,详细结果统计表见表 4-4。

仿真工况④结果统计表　　　　表 4-4

实际高差 h(m)	B_r (理论值,$\times \mu$)	B_z (理论值,$\times \mu$)	B_r (ANSYS,$\times \mu$)	B_z (ANSYS,$\times \mu$)	反演高差 h_0(m)	反演误差 (%)
0.1	0.0148	−0.0981	0.013692	−0.15475	0.0586	41.30
0.2	0.0291	−0.0949	0.026367	−0.15088	0.1153	42.32
0.3	0.0424	−0.0896	0.038613	−0.14467	0.1746	41.78
0.4	0.0541	−0.0828	0.048828	−0.13644	0.2314	42.14
0.5	0.0642	−0.0746	0.057871	−0.12661	0.2908	41.83
0.6	0.0722	−0.0656	0.064458	−0.11563	0.3479	42.01
0.7	0.0783	−0.0561	0.069638	−0.10395	0.4080	41.71
0.8	0.0825	−0.0465	0.07245	−0.09199	0.4663	41.71
0.9	0.0848	−0.0372	0.074006	−0.08011	0.5280	41.33
1	0.0855	−0.0283	0.075562	−0.06824	0.6020	39.79
1.1	0.0849	−0.0201	0.072389	−0.05769	0.6546	40.49
1.2	0.0832	−0.0128	0.069803	−0.04752	0.7213	39.88
1.3	0.0805	−0.0062	0.066767	−0.03817	0.7944	38.89
1.4	0.0772	−0.0006	0.062947	−0.02967	0.8721	37.71
1.5	0.0735	0.0041	0.059029	0.022006	2.0778	38.52

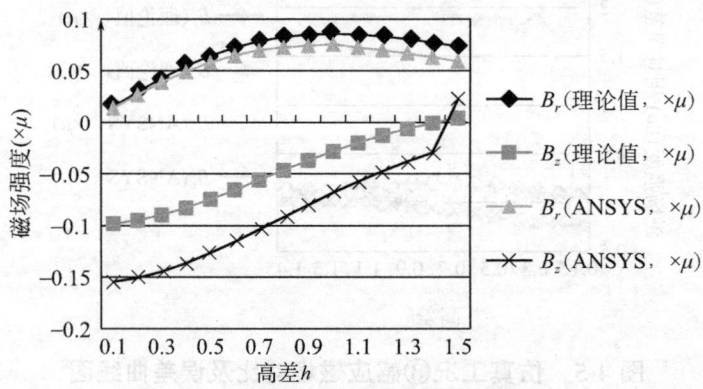

图 4-6　仿真工况④感应磁场对比图

注：仿真工况④反演误差明显，因此本图中不体现反演误差数据。

基线长度 a 对照组反演误差对比（图 4-7）。

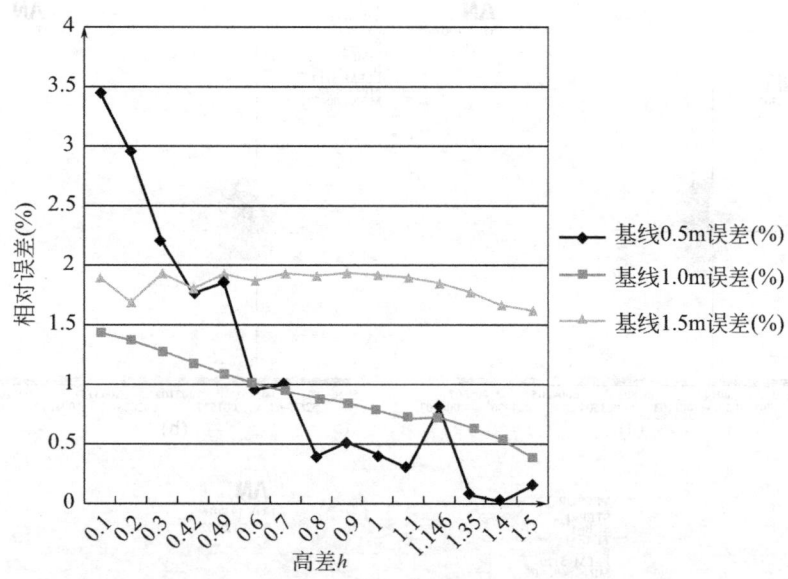

图 4-7　基线长度 a 对照组反演误差对比图

注：工况④反演误差明显，因此本图中不体现其反演误差数据。

基于以上结果，总结如下：

（1）结合表 4-4 和图 4-6 的数据，增设了基线 2m 以上多个附加仿真工况，反演结果同样出现失真，因此在依照所选定的参数进行设定，不考虑其他工程实际因素的情况下，在基线 2m 及以上处反演结果失真。

（2）由表 4-1～表 4-3 与图 4-2～图 4-5 的统计结果得知，虽然各工况磁场强度仿真结果与理论计算有一定差距，但是反演结果误差较小。

4.4.2　绕线高度 L 对照组

有限元仿真结果见图 4-8，仿真工况⑦与仿真工况②同为基本对照工况，故此省略仿真工况⑦的仿真结果。

仿真工况⑤：$a=1$m，$R=0.08$m，$I=2$A，$L=0.06$m，$d=0.003$m，$n=250$ 匝。

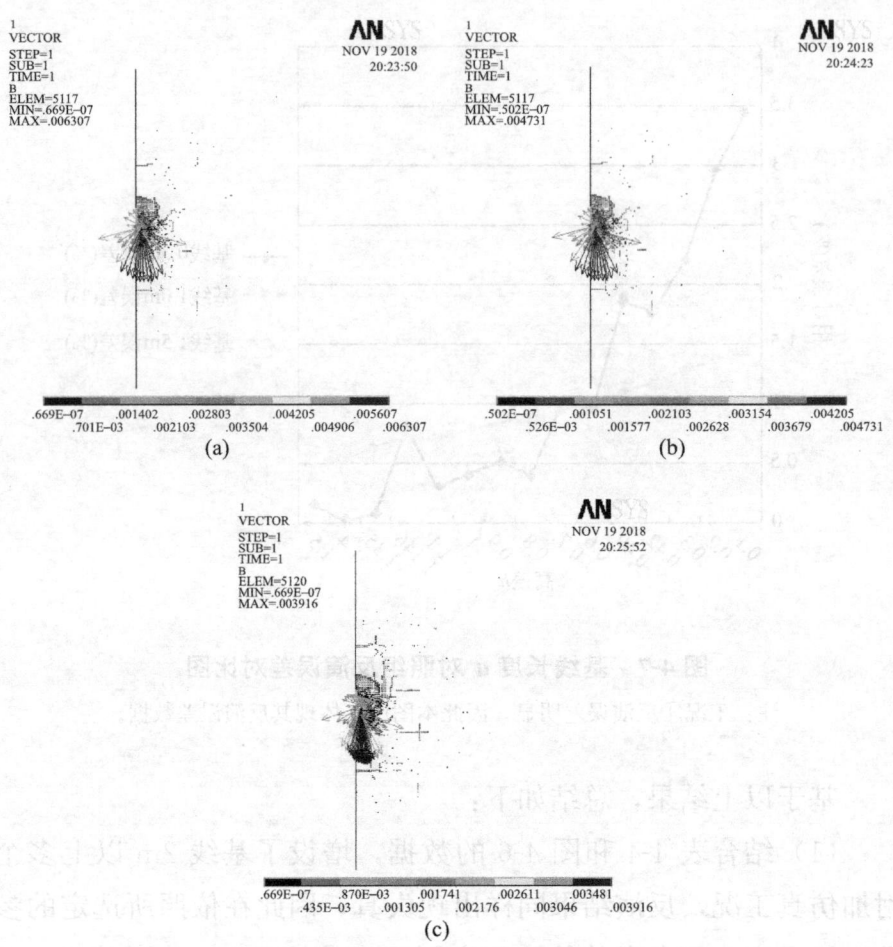

图 4-8　仿真工况⑤、⑥、⑧有限元仿真结果

（a）仿真工况⑤有限元仿真结果；（b）仿真工况⑥有限元仿真结果；

（c）仿真工况⑧有限元仿真结果

仿真感应磁场与理论感应磁场对比见图 4-9，详细结果统计见表 4-5。

仿真工况⑤结果统计表　　　　　　　　表 4-5

实际高差 h（m）	B_r（理论值，$\times\mu$）	B_z（理论值，$\times\mu$）	B_r（ANSYS，$\times\mu$）	B_z（ANSYS，$\times\mu$）	反演高差 h_0（m）	反演误差（%）
0.1	0.2304	−0.7429	0.24496	−0.80033	0.0987	1.27
0.2	0.4285	−0.6479	0.45497	−0.69781	0.1975	1.21

实际 高差 h(m)	B_r (理论值,$\times\mu$)	B_z (理论值,$\times\mu$)	B_r (ANSYS,$\times\mu$)	B_z (ANSYS,$\times\mu$)	反演 高差 h_0(m)	反演 误差 (%)
0.3	0.5720	−0.5130	0.6061	−0.55253	0.2966	1.12
0.4	0.6533	−0.3632	0.69067	−0.39185	0.3958	1.03
0.5	0.6782	−0.2202	0.71516	−0.23904	0.4952	0.95
0.6	0.6598	−0.0979	0.69406	−0.10881	0.5947	0.87
0.7	0.6133	−0.0021	0.6437	−0.00715	0.6942	0.82
0.8	0.5520	0.0673	0.57817	0.066305	0.7938	0.77
0.9	0.4857	0.1138	0.50781	0.11539	0.8933	0.74
1	0.4208	0.1421	0.38004	0.12571	0.9931	0.68
1.1	0.3609	0.1567	0.3055	0.13032	1.0919	0.73
1.245	0.2859	0.1617	0.29704	0.16594	1.2369	0.64
1.35	0.2407	0.1579	0.24955	0.16215	1.3423	0.57
1.4	0.2217	0.1548	0.22972	0.15916	1.3934	0.47
1.5	0.1881	0.1468	0.19436	0.15096	1.4951	0.32

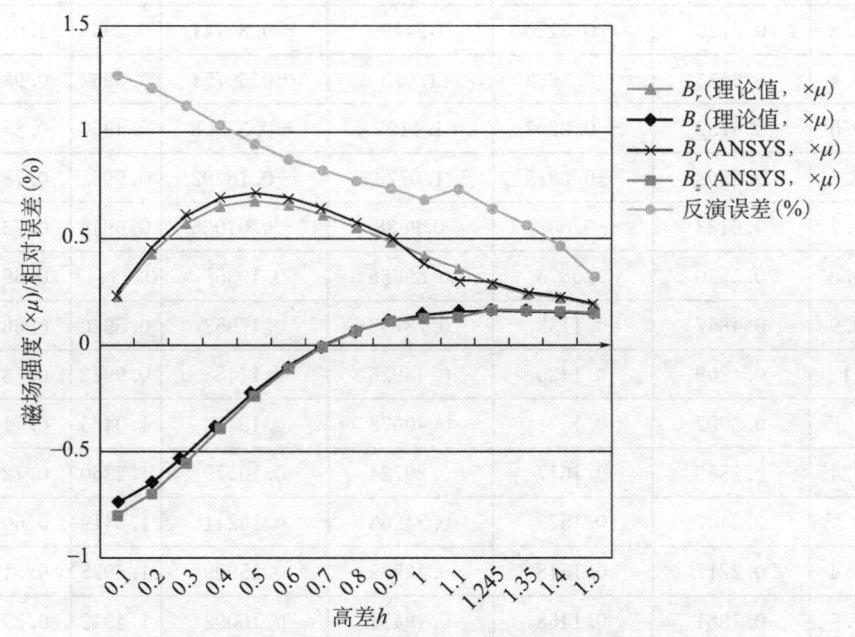

图 4-9　仿真工况⑤感应磁场对比及误差曲线图

仿真工况⑥：$a=1\mathrm{m}$，$R=0.08\mathrm{m}$，$I=2\mathrm{A}$，$L=0.08\mathrm{m}$，$d=0.003\mathrm{m}$，$n=250$ 匝。

仿真感应磁场与理论感应磁场对比见图 4-10，详细结果统计表见表 4-6。

仿真工况⑦：$a=1\mathrm{m}$，$R=0.08\mathrm{m}$，$I=2\mathrm{A}$，$L=0.1\mathrm{m}$，$d=0.003\mathrm{m}$，$n=250$ 匝。

结果同仿真工况②。

仿真工况⑧：$a=1\mathrm{m}$，$R=0.08\mathrm{m}$，$I=2\mathrm{A}$，$L=0.12\mathrm{m}$，$d=0.003\mathrm{m}$，$n=250$ 匝。

仿真工况⑥结果统计表　　　　表 4-6

实际高差 h(m)	B_r (理论值，$\times\mu$)	B_z (理论值，$\times\mu$)	B_r (ANSYS，$\times\mu$)	B_z (ANSYS，$\times\mu$)	反演高差 h_0(m)	反演误差 (%)
0.1	0.2304	−0.7429	0.38095	−1.2432	0.0988	1.16
0.2	0.4285	−0.6480	0.70737	−1.0835	0.1978	1.10
0.3	0.5720	−0.5130	0.94199	−0.85741	0.2969	1.02
0.4	0.6533	−0.3632	1.073	−0.60751	0.3962	0.93
0.5	0.6782	−0.2202	1.1105	−0.37008	0.4957	0.85
0.6	0.6598	−0.0979	1.0773	−0.16792	0.5953	0.78
0.7	0.6133	−0.0021	0.9988	−0.01026	0.6949	0.73
0.8	0.5520	0.0673	0.89686	0.10355	0.79447	0.69
0.9	0.4857	0.1138	0.78753	0.17953	0.8940	0.66
1	0.4209	0.1420	0.43926	0.14488	0.9922	0.78
1.05	0.3902	0.1508	0.40678	0.15433	1.0425	0.71
1.245	0.2859	0.1617	0.29724	0.16579	1.2360	0.72
1.35	0.2407	0.1579	0.24963	0.16211	1.3419	0.60
1.4	0.2217	0.1548	0.22989	0.15909	1.3925	0.54
1.5	0.1881	0.1468	0.19451	0.15092	1.4942	0.39

仿真感应磁场与理论感应磁场对比见图 4-11，详细结果统计表见表 4-7。

基于重力驱动磁传感的河床冲刷监测系统研究

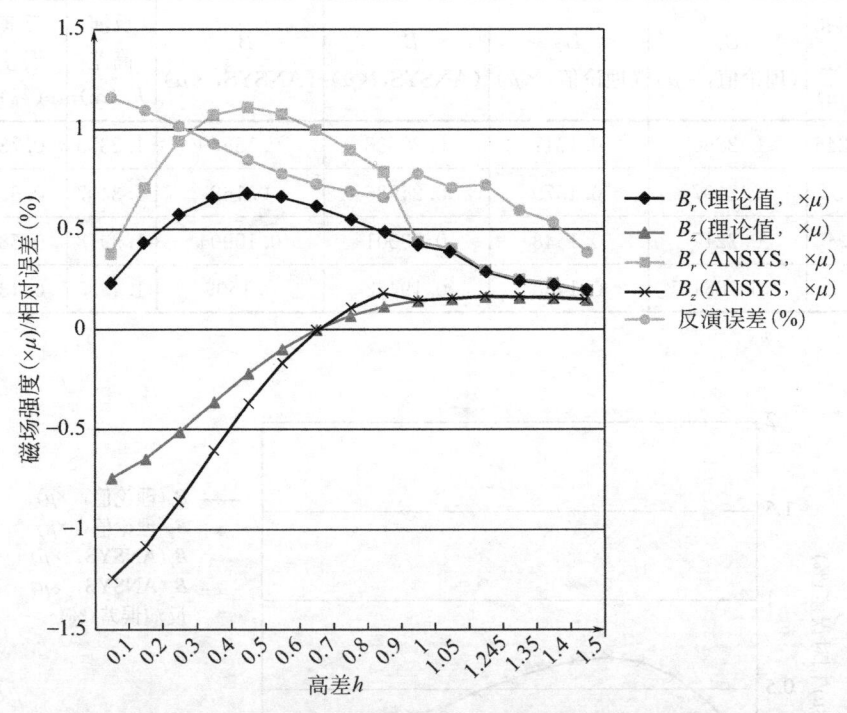

图 4-10　仿真工况⑥感应磁场对比及误差曲线图

仿真工况⑧结果统计表　　　　　　　　　　　　表 4-7

实际高差 h(m)	B_r(理论值,$\times\mu$)	B_z(理论值,$\times\mu$)	B_r(ANSYS,$\times\mu$)	B_z(ANSYS,$\times\mu$)	反演高差 h_0(m)	反演误差(%)
0.1	0.2304	-0.7429	0.24334	-0.79734	0.0984	1.54
0.2	0.4285	-0.6479	0.45226	-0.69587	0.1970	1.48
0.3	0.5720	-0.5130	0.60305	-0.55185	0.2958	1.39
0.4	0.6533	-0.3632	0.68794	-0.39223	0.3948	1.29
0.5	0.6782	-0.2202	0.7131	-0.24009	0.4940	1.19
0.6	0.6598	-0.0979	0.69275	-0.11012	0.5933	1.10
0.7	0.6133	-0.0021	0.64303	-0.00843	0.6928	1.04
0.8	0.5520	0.0673	0.57797	0.065202	0.7922	0.97
0.9	0.4858	0.1138	0.5079	0.11452	0.8917	0.92
1.05	0.3902	0.1508	0.4069	0.15411	1.0418	0.77
1.1	0.3610	0.1567	0.3055	0.13032	1.0919	0.73

实际高差 h（m）	B_r（理论值，$\times\mu$）	B_z（理论值，$\times\mu$）	B_r（ANSYS，$\times\mu$）	B_z（ANSYS，$\times\mu$）	反演高差 h_0（m）	反演误差（%）
1.245	0.2860	0.1617	0.29738	0.16569	1.2353	0.78
1.35	0.2407	0.1579	0.24986	0.162	1.3407	0.69
1.4	0.2217	0.1548	0.23001	0.15904	1.3918	0.58
1.5	0.1881	0.1468	0.19462	0.1509	1.4935	0.43

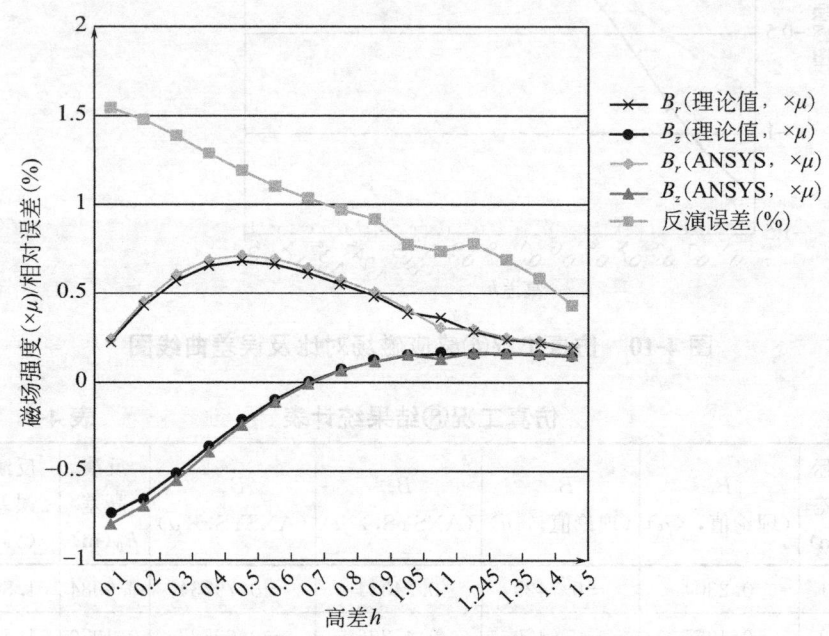

图 4-11　仿真工况⑧感应磁场对比及误差曲线图

绕线高度 L 对照组反演误差对比（图 4-12）。

基于以上结果，总结如下：

（1）根据该组统计结果得知，虽然各工况磁场强度仿真结果与理论计算有一定差距，但是反演结果误差较小。

（2）在高差较小时（0.1～1m），反演误差随着绕线高度 L 的增加而增加，在高差较大时，反演误差没有明显升降趋势。

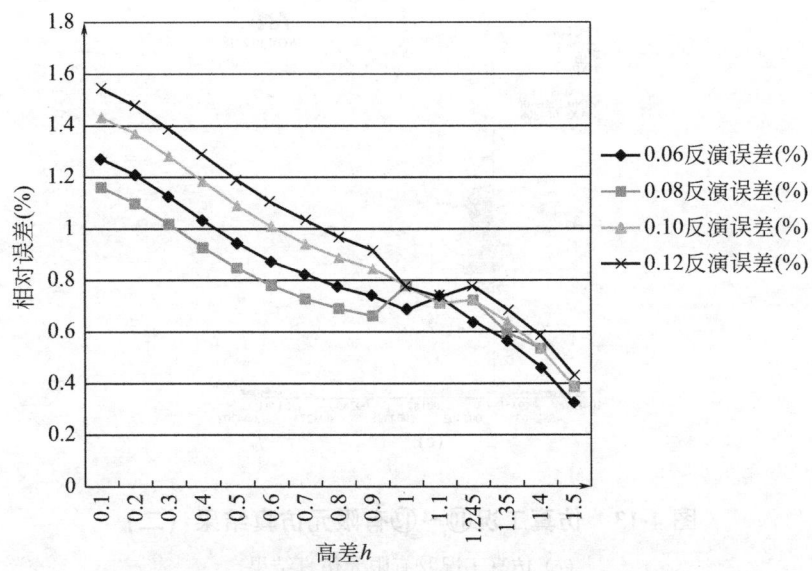

图 4-12　绕线高度 L 对照组反演误差对比图

4.4.3　线圈半径 R 对照组

有限元仿真结果见图 4-13，仿真工况⑨与仿真工况②同为基本对照工况，故此省略仿真工况⑨的仿真结果。

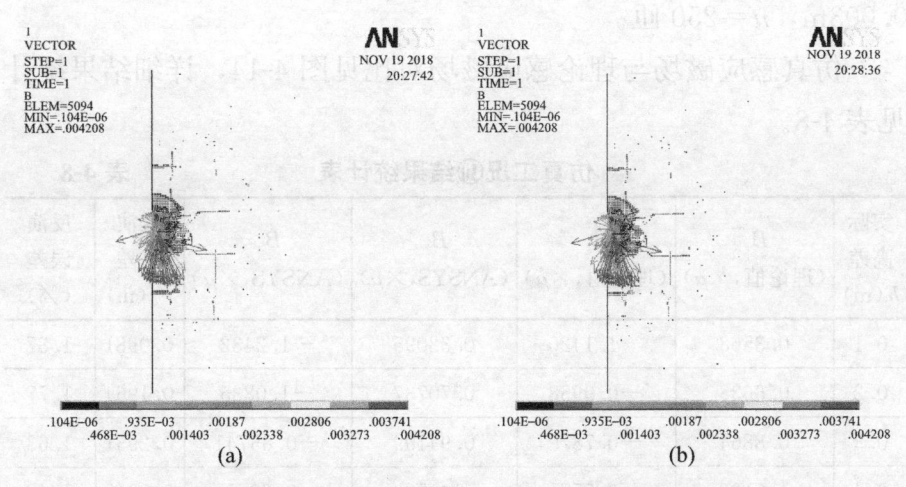

图 4-13　仿真工况⑩～⑫有限元仿真结果（一）

（a）仿真工况⑩有限元仿真结果；（b）仿真工况⑪有限元仿真结果；

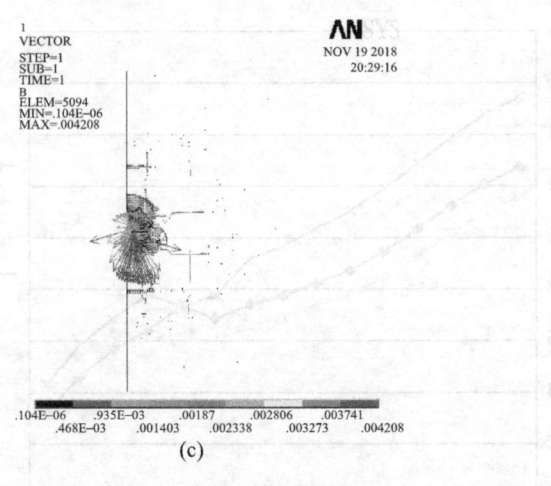

（c）

图 4-13　仿真工况⑩～⑫有限元仿真结果（二）

（c）仿真工况⑫有限元仿真结果

仿真工况⑨：$a=1$m，$R=0.08$m，$I=2$A，$L=0.1$m，$d=0.003$m，$n=250$匝。

结果同仿真工况②。

仿真工况⑩：$a=1$m，$R=0.10$m，$I=2$A，$L=0.1$m，$d=0.003$m，$n=250$匝。

仿真感应磁场与理论感应磁场对比见图 4-14，详细结果统计见表 4-8。

仿真工况⑩结果统计表　　　　　表 4-8

实际高差 h（m）	B_r（理论值，$\times\mu$）	B_z（理论值，$\times\mu$）	B_r（ANSYS，$\times\mu$）	B_z（ANSYS，$\times\mu$）	反演高差 h_0（m）	反演误差（%）
0.1	0.3568	−1.1420	0.38095	−1.2432	0.0981	1.87
0.2	0.6638	−0.9958	0.70737	−1.0835	0.1964	1.77
0.3	0.8864	−0.7879	0.94199	−0.85741	0.2951	1.63
0.4	1.0130	−0.5571	1.073	−0.60751	0.3940	1.48
0.5	1.0521	−0.3366	1.1105	−0.37008	0.4933	1.33

基于重力驱动磁传感的河床冲刷监测系统研究

续表

实际高差 h(m)	B_r（理论值，$\times\mu$)	B_z（理论值，$\times\mu$)	B_r（ANSYS，$\times\mu$)	B_z（ANSYS，$\times\mu$)	反演高差 h_0(m)	反演误差（%）
0.6	1.0241	−0.1479	1.0773	−0.16792	0.5927	1.20
0.7	0.9525	0	0.9988	−0.01026	0.6923	1.11
0.8	0.8578	0.1072	0.89686	0.10355	0.7919	1.01
0.9	0.7552	0.1790	0.78753	0.17953	0.8915	0.94
1	0.6546	0.2226	0.68088	0.22571	0.9914	0.85
1.05	0.6070	0.2361	0.63043	0.24021	1.0418	0.78
1.245	0.4452	0.2527	0.46049	0.25752	1.2354	0.77
1.35	0.3749	0.2467	0.38685	0.25158	1.3409	0.67
1.4	0.3453	0.2417	0.3561	0.24692	1.3920	0.57
1.5	0.2931	0.2293	0.30129	0.23416	1.4938	0.41

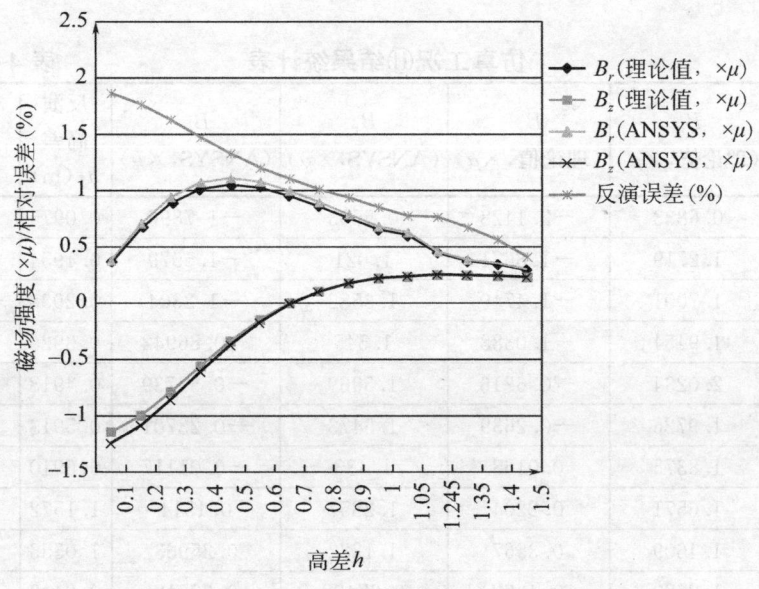

图 4-14　仿真工况⑩感应磁场对比及误差曲线图

仿真工况⑪：$a=1$m，$R=0.12$m，$I=2$A，$L=0.1$m，$d=0.003$m，$n=250$匝。

仿真感应磁场与理论感应磁场对比见图 4-15，详细结果统计见表 4-9。

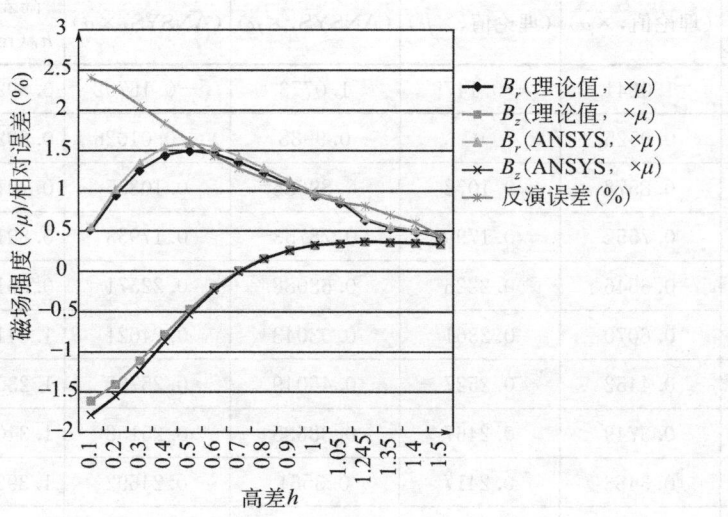

图 4-15　仿真工况⑪感应磁场对比及误差曲线图

仿真工况⑪结果统计表　　　　　　　　表 4-9

实际高差 h(m)	B_r（理论值，$\times\mu$）	B_z（理论值，$\times\mu$）	B_r（ANSYS，$\times\mu$）	B_z（ANSYS，$\times\mu$）	反演高差 h_0(m)	反演误差（%）
0.1	0.6833	−2.1428	0.5503	−1.7896	0.0975	2.40
0.2	1.2719	−1.8671	1.021	−1.5579	0.1954	2.26
0.3	1.7001	−1.4749	1.3582	−1.2304	0.2938	2.06
0.4	1.9454	−1.0388	1.545	−0.86942	0.3926	1.84
0.5	2.0234	−0.6216	1.5969	−0.52739	0.4918	1.63
0.6	1.9726	−0.2639	1.5473	−0.23701	0.5913	1.44
0.7	1.8375	0.0168	1.433	−0.01117	0.6910	1.28
0.8	1.6571	0.2204	1.2857	0.1514	1.1572	1.16
0.9	1.4609	0.3567	1.1282	0.25963	1.0553	1.06
1	1.2680	0.4392	0.97492	0.32518	0.9449	0.94
1.05	1.1764	0.4647	0.90251	0.34567	0.8578	0.86
1.245	0.8645	0.4952	0.65891	0.36968	0.8172	0.82
1.35	0.7286	0.4829	0.55347	0.36096	0.7026	0.70
1.4	0.6714	0.4730	0.50946	0.35411	0.6025	0.60
1.5	0.5703	0.4485	0.43102	0.33569	0.4397	0.44

仿真工况⑫：$a=1\mathrm{m}$，$R=0.14\mathrm{m}$，$I=2\mathrm{A}$，$L=0.1\mathrm{m}$，$d=0.003\mathrm{m}$，$n=250$ 匝。

仿真感应磁场与理论感应磁场对比见图 4-16，详细结果统计见表 4-10。

仿真工况⑫结果统计表　　　　表 4-10

实际高差 $h(\mathrm{m})$	B_r （理论值，$\times\mu$）	B_z （理论值，$\times\mu$）	B_r （ANSYS，$\times\mu$）	B_z （ANSYS，$\times\mu$）	反演高差 $h_0(\mathrm{m})$	反演误差 （%）
0.1	0.683307	−2.14285	0.75358	−2.4406	0.096953	3.05
0.2	1.271928	−1.86719	1.3969	−2.1216	0.194298	2.85
0.3	1.70017	−1.47499	1.8556	−1.6718	0.292269	2.58
0.4	1.945407	−1.03885	2.1075	−1.1774	0.390912	2.27
0.5	2.023439	−0.6216	2.175	−0.71062	0.490108	1.98
0.6	1.972675	−0.2639	2.1043	−0.31565	0.589678	1.72
0.7	1.837514	0.0168	1.9465	−0.00947	0.689468	1.50
0.8	1.657176	0.220404	1.7446	0.21022	0.789349	1.33
0.9	1.460964	0.356692	1.5297	0.35596	0.889268	1.19
1	1.268014	0.43924	1.3211	0.44386	0.989476	1.05
1.05	1.176419	0.464667	1.2228	0.47121	1.039967	0.96
1.245	0.864534	0.495169	0.89221	0.50248	1.234062	0.88
1.35	0.728656	0.482928	0.74932	0.49013	1.339729	0.76
1.4	0.67146	0.473092	0.68971	0.48077	1.390964	0.65
1.5	0.570351	0.448575	0.58348	0.45555	1.492908	0.47

线圈半径 R 对照组反演误差对比（图 4-17）。

基于以上结果，总结如下：

（1）根据该组统计结果得知，虽然各工况磁场强度仿真结果与理论计算有一定差距，但是反演结果误差较小。

（2）反演误差随着线圈半径 R 的增加而增加，高差越大反演误差受线圈半径 R 影响越小。

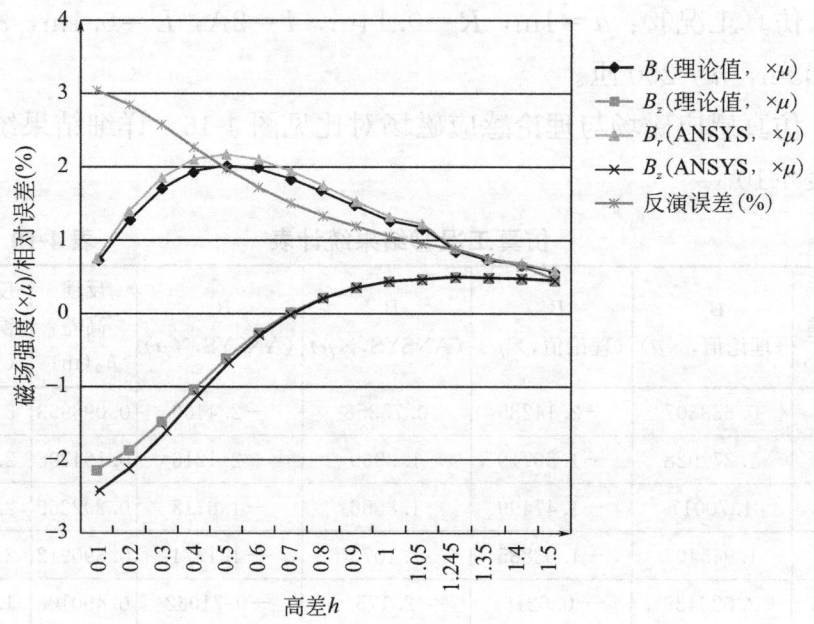

图 4-16　仿真工况⑫感应磁场对比及误差曲线图

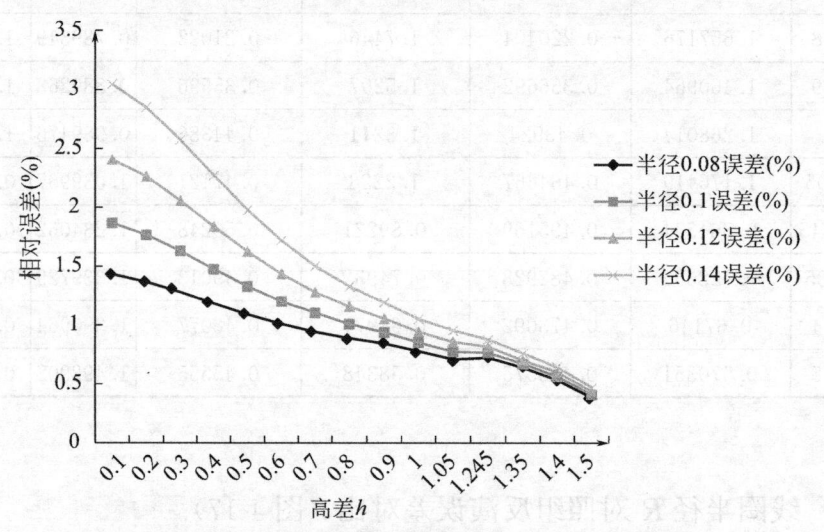

图 4-17　线圈半径 R 对照组反演误差对比图

4.4.4　绕线厚度 d 对照组

有限元仿真结果见图 4-18，仿真工况⑭与仿真工况②同为基本对照工况，故此省略仿真工况⑭的仿真结果。

仿真工况⑬：$a=1\mathrm{m}$，$R=0.08\mathrm{m}$，$I=2\mathrm{A}$，$L=0.1\mathrm{m}$，$d=$

0.002m，n＝250 匝。

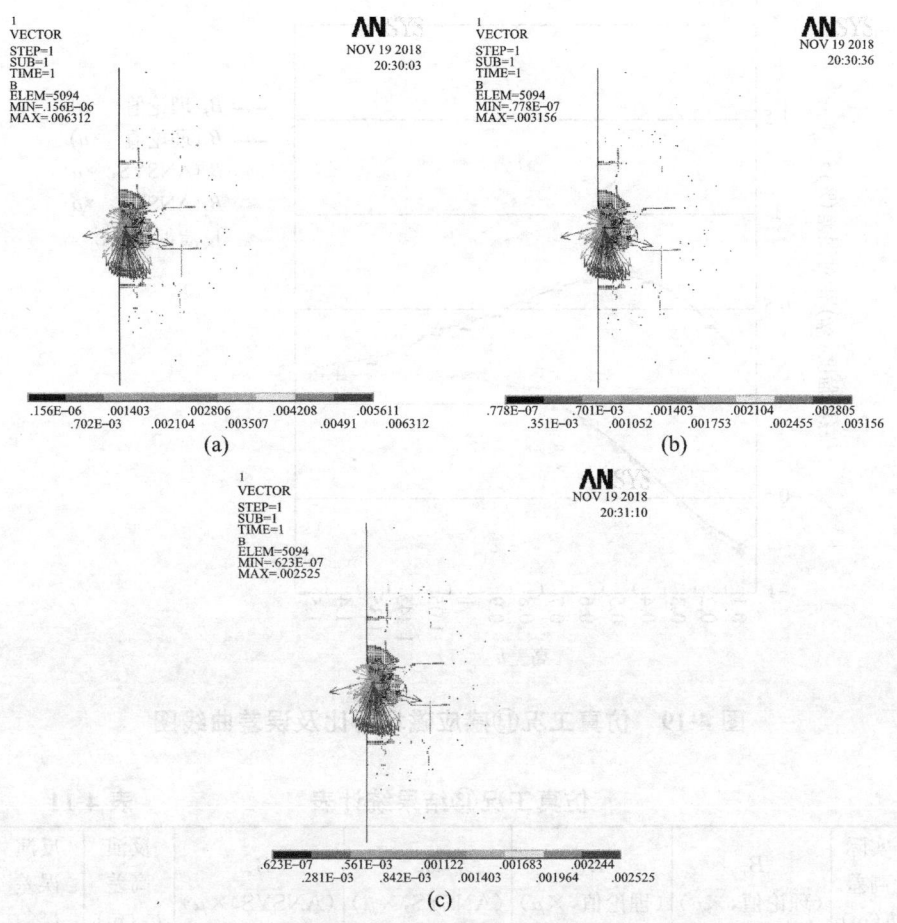

图 4-18　仿真工况⑬、⑮、⑯有限元仿真结果

（a）仿真工况⑬有限元仿真结果；（b）仿真工况⑮有限元仿真结果；

（c）仿真工况⑯有限元仿真结果

仿真感应磁场与理论感应磁场对比见图 4-19，详细结果统计见表 4-11。

仿真工况⑭：a＝1m，R＝0.08m，I＝2A，L＝0.1m，d＝0.003m，n＝250 匝。

结果同仿真工况②。

仿真工况⑮：a＝1m，R＝0.08m，I＝2A，L＝0.1m，d＝0.004m，n＝250 匝。

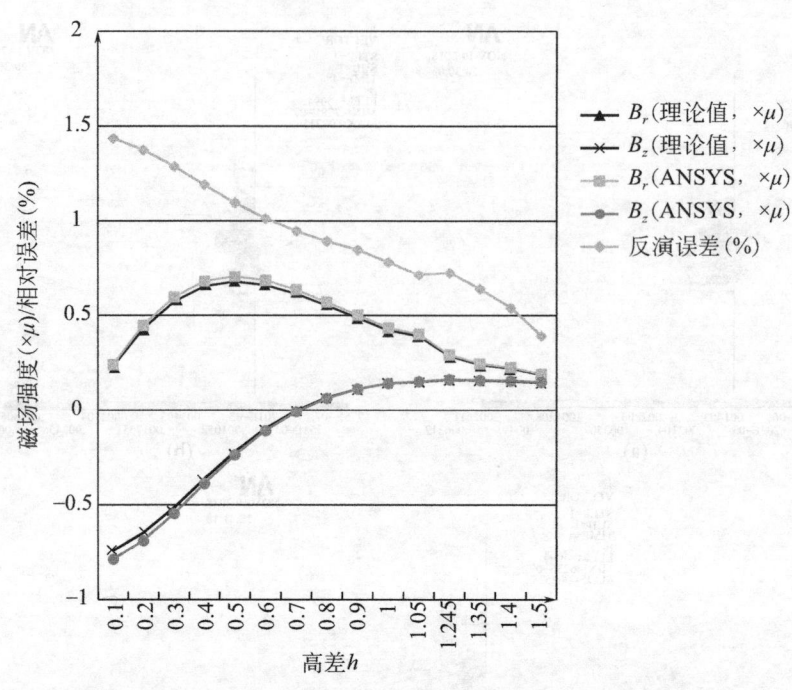

图 4-19　仿真工况⑬感应磁场对比及误差曲线图

<table>
<tr><td colspan="7" align="center">仿真工况⑬结果统计表</td><td align="right">表 4-11</td></tr>
<tr>
<td>实际
高差
h(m)</td>
<td>B_r
(理论值，$\times\mu$)</td>
<td>B_z
(理论值，$\times\mu$)</td>
<td>B_r
(ANSYS，$\times\mu$)</td>
<td>B_z
(ANSYS，$\times\mu$)</td>
<td>反演
高差
h_0(m)</td>
<td colspan="2">反演
误差
（%）</td>
</tr>
<tr><td>0.1</td><td>0.2304</td><td>−0.7429</td><td>0.24097</td><td>−0.78867</td><td>1.4359</td><td colspan="2">1.44</td></tr>
<tr><td>0.2</td><td>0.4285</td><td>−0.6479</td><td>0.44773</td><td>−0.68805</td><td>1.3739</td><td colspan="2">1.37</td></tr>
<tr><td>0.3</td><td>0.5720</td><td>−0.5130</td><td>0.59679</td><td>−0.54533</td><td>1.2876</td><td colspan="2">1.29</td></tr>
<tr><td>0.4</td><td>0.6533</td><td>−0.3632</td><td>0.68052</td><td>−0.38727</td><td>1.1898</td><td colspan="2">1.19</td></tr>
<tr><td>0.5</td><td>0.6782</td><td>−0.2202</td><td>0.70511</td><td>−0.23674</td><td>1.0963</td><td colspan="2">1.10</td></tr>
<tr><td>0.6</td><td>0.6598</td><td>−0.0979</td><td>0.68473</td><td>−0.10827</td><td>1.0142</td><td colspan="2">1.01</td></tr>
<tr><td>0.7</td><td>0.6133</td><td>−0.0021</td><td>0.63538</td><td>−0.00784</td><td>0.9467</td><td colspan="2">0.95</td></tr>
<tr><td>0.8</td><td>0.5520</td><td>0.0673</td><td>0.57094</td><td>0.064819</td><td>0.8930</td><td colspan="2">0.89</td></tr>
<tr><td>0.9</td><td>0.4857</td><td>0.1138</td><td>0.50162</td><td>0.11344</td><td>0.8488</td><td colspan="2">0.85</td></tr>
<tr><td>1</td><td>0.4208</td><td>0.1421</td><td>0.43386</td><td>0.14308</td><td>0.7829</td><td colspan="2">0.78</td></tr>
<tr><td>1.05</td><td>0.3901</td><td>0.1508</td><td>0.40179</td><td>0.15242</td><td>0.7139</td><td colspan="2">0.71</td></tr>
</table>

实际高差 h(m)	B_r (理论值，$\times\mu$)	B_z (理论值，$\times\mu$)	B_r (ANSYS，$\times\mu$)	B_z (ANSYS，$\times\mu$)	反演高差 h_0(m)	反演误差 (%)
1.245	0.2859	0.1618	0.2936	0.16375	0.7259	0.73
1.35	0.2407	0.157968	0.24667	0.16007	0.6394	0.64
1.4	0.2217	0.15481	0.22708	0.15713	0.5409	0.54
1.5	0.1881	0.146858	0.19213	0.14906	0.3928	0.39

　　仿真感应磁场与理论感应磁场对比见图 4-20，详细结果统计见表 4-12。

仿真工况⑮结果统计表　　　　　表 4-12

实际高差 h(m)	B_r (理论值，$\times\mu$)	B_z (理论值，$\times\mu$)	B_r (ANSYS，$\times\mu$)	B_z (ANSYS，$\times\mu$)	反演高差 h_0(m)	反演误差 (%)
0.1	0.2304	−0.7429	0.24706	−0.80852	0.0985	1.43
0.2	0.4285	−0.6479	0.45905	−0.70534	0.1972	1.36
0.3	0.5720	−0.5130	0.61185	−0.55899	0.2961	1.28
0.4	0.6533	−0.3632	0.69766	−0.39693	0.3952	1.18
0.5	0.6782	−0.2202	0.72284	−0.24261	0.4945	1.08
0.6	0.6598	−0.0979	0.70191	−0.11092	0.5939	1.00
0.7	0.6133	−0.0021	0.65129	−0.00798	0.6934	0.94
0.8	0.5520	0.0673	0.58522	0.066491	0.7929	0.88
0.9	0.4857	0.1138	0.51415	0.11632	0.8924	0.84
1	0.4208	0.1420	0.4447	0.14669	0.9922	0.78
1.05	0.3901	0.1508	0.41181	0.15625	1.0425	0.71
1.245	0.2859	0.1617	0.30092	0.16785	1.2360	0.72
1.35	0.2407	0.1579	0.25282	0.16407	1.3414	0.64
1.4	0.2217	0.1548	0.23274	0.16106	1.3924	0.54
1.5	0.1881	0.1468	0.19692	0.15279	1.4941	0.39

　　仿真工况⑯：$a=1$m，$R=0.08$m，$I=2$A，$L=0.1$m，$d=0.005$m，$n=250$ 匝。

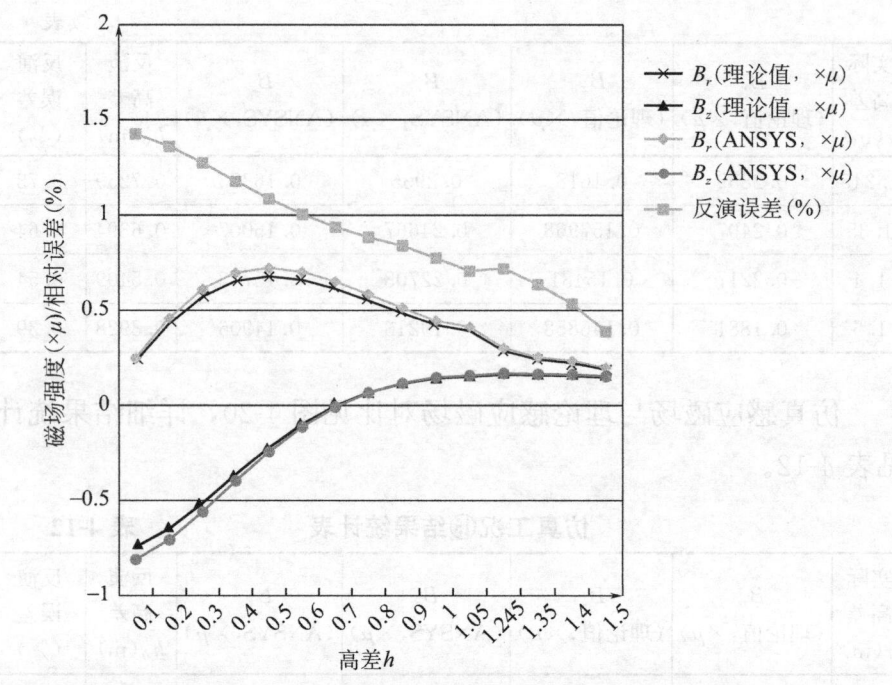

图 4-20　仿真工况⑮感应磁场对比及误差曲线图

仿真感应磁场与理论感应磁场对比见图 4-21，详细结果统计见表 4-13。

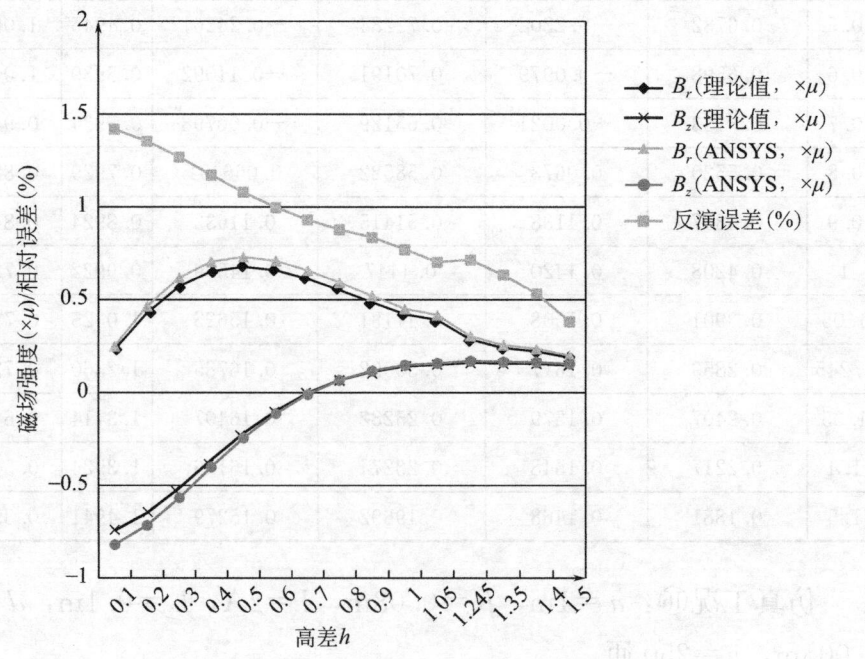

图 4-21　仿真工况⑯感应磁场对比及误差曲线图

实际高差 h(m)	B_r (理论值,$\times\mu$)	B_z (理论值,$\times\mu$)	B_r (ANSYS,$\times\mu$)	B_z (ANSYS,$\times\mu$)	反演高差 h_0(m)	反演误差 (%)
0.1	0.2304	−0.7429	0.25015	−0.81858	0.0985	1.42
0.2	0.4285	−0.6479	0.46478	−0.71409	0.1972	1.35
0.3	0.5720	−0.5130	0.61948	−0.5659	0.29617	1.27
0.4	0.6533	−0.3632	0.70633	−0.40182	0.3953	1.17
0.5	0.6782	−0.2202	0.73181	−0.24558	0.4946	1.08
0.6	0.6598	−0.0979	0.7106	−0.11225	0.5940	1.00
0.7	0.6133	−0.0021	0.65935	−0.00804	0.6934	0.93
0.8	0.5520	0.0673	0.59245	0.067339	0.7929	0.88
0.9	0.4857	0.1138	0.5205	0.11777	0.8924	0.84
1	0.4209	0.1421	0.45018	0.14851	0.9922	0.77
1.05	0.3901	0.1508	0.41689	0.15819	1.0426	0.70
1.245	0.2859	0.1617	0.30462	0.16993	1.2360	0.72
1.35	0.2407	0.1579	0.25594	0.1661	1.3414	0.63
1.4	0.2217	0.1548	0.2356	0.16305	1.3925	0.53
1.5	0.1881	0.146858	0.19934	0.15468	1.49427	0.38

绕线厚度 d 对照组反演误差对比（图4-22）。

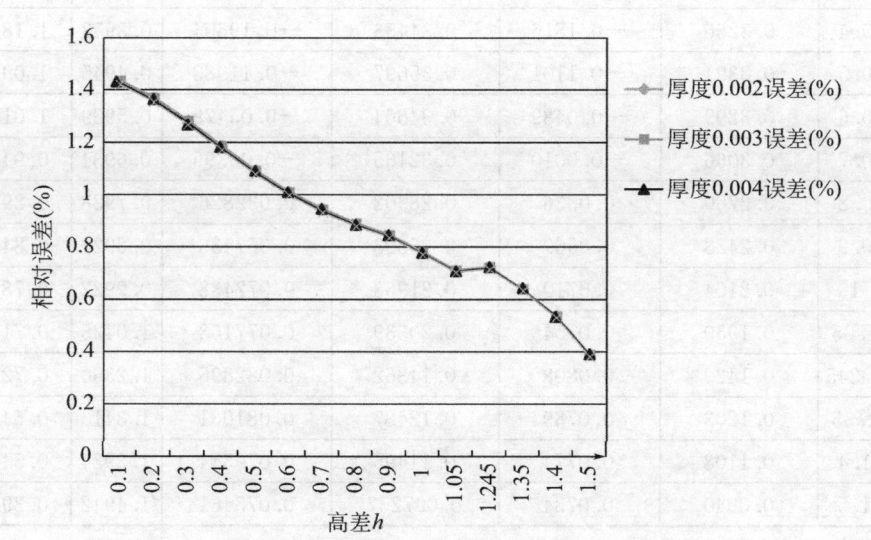

图4-22　绕线厚度 d 对照组反演误差对比图

基于以上结果，总结如下：

（1）根据该组统计结果得知，虽然各工况感应磁场强度仿真结果与理论计算结果有一定差距，但是反演结果误差较小。

（2）对比各工况反演误差可得知反演误差大小与绕线厚度 d 关系不大。

4.4.5　电流 I 对照组

有限元仿真结果见图 4-23，仿真工况⑱与仿真工况②同为基本对照工况，故此省略仿真工况⑱的仿真结果。

仿真工况⑰：$a=1\text{m}$，$R=0.08\text{m}$，$I=1\text{A}$，$L=0.1\text{m}$，$d=0.003\text{m}$，$n=250$ 匝。

仿真感应磁场与理论感应磁场对比见图 4-24，详细结果统计见表 4-14。

仿真工况⑰结果统计表　　　　　　　表 4-14

实际高差 h(m)	B_r（理论值，$\times\mu$）	B_z（理论值，$\times\mu$）	B_r（ANSYS，$\times\mu$）	B_z（ANSYS，$\times\mu$）	反演高差 h_0(m)	反演误差（%）
0.1	0.1152	−0.3714	0.12199	−0.39928	0.0985	1.44
0.2	0.2142	−0.3239	0.22667	−0.34832	0.1972	1.37
0.3	0.2860	−0.2565	0.30215	−0.27606	0.2961	1.28
0.4	0.3266	−0.1816	0.34453	−0.19604	0.3952	1.18
0.5	0.3391	−0.1101	0.35697	−0.11983	0.4945	1.09
0.6	0.3299	−0.0489	0.34664	−0.05479	0.5939	1.01
0.7	0.3066	−0.0010	0.32165	−0.00395	0.6934	0.94
0.8	0.2760	0.0336	0.28902	0.032826	0.7928	0.89
0.9	0.2428	0.0569	0.25393	0.057436	0.8924	0.84
1	0.2104	0.0710	0.21963	0.072438	0.9922	0.78
1.05	0.1950	0.0754	0.20339	0.077163	1.0425	0.71
1.245	0.1429	0.0808	0.14862	0.082895	1.2360	0.72
1.35	0.1203	0.0789	0.12487	0.081031	1.3413	0.64
1.4	0.1108	0.0774	0.11495	0.079544	1.3924	0.54
1.5	0.0940	0.0734	0.097257	0.075461	1.4942	0.39

基于重力驱动磁传感的河床冲刷监测系统研究

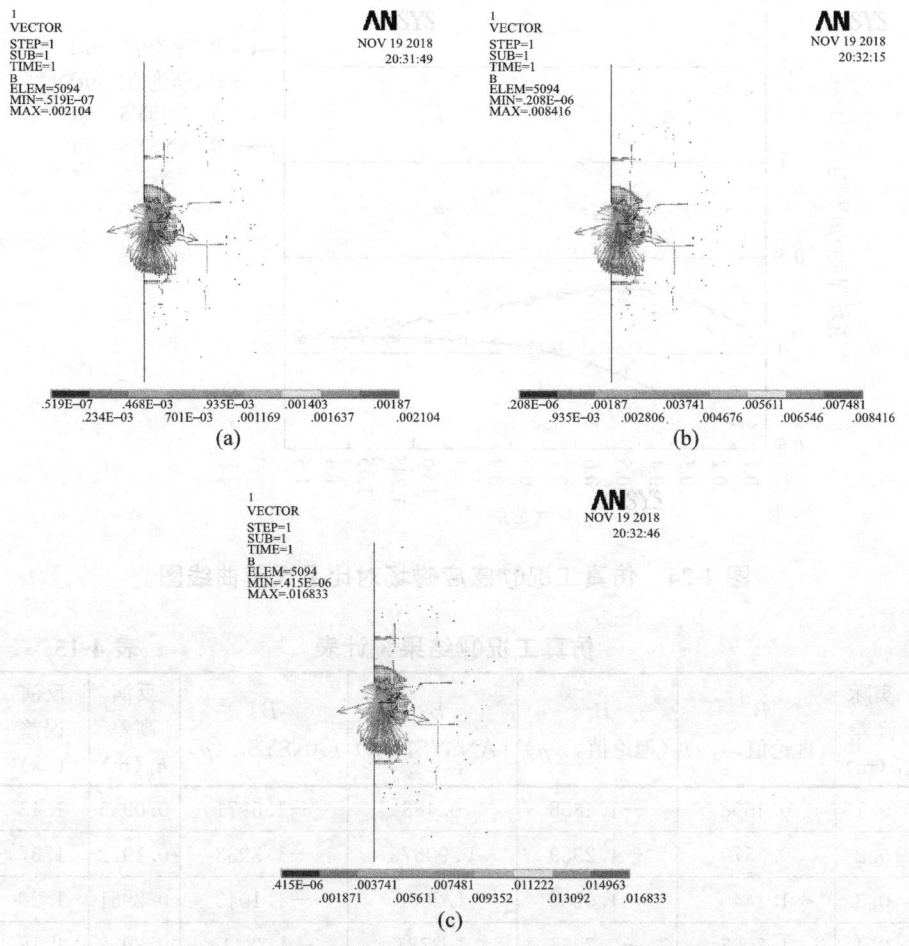

图 4-23　仿真工况⑰、⑲、⑳有限元仿真结果

（a）仿真工况⑰有限元仿真结果；（b）仿真工况⑲有限元仿真结果；

（c）仿真工况⑳有限元仿真结果

仿真工况⑱：$a=1\mathrm{m}$，$R=0.08\mathrm{m}$，$I=2\mathrm{A}$，$L=0.1\mathrm{m}$，$d=0.003\mathrm{m}$，$n=250$ 匝。

结果同仿真工况②。

仿真工况⑲：$a=1\mathrm{m}$，$R=0.08\mathrm{m}$，$I=4\mathrm{A}$，$L=0.1\mathrm{m}$，$d=0.003\mathrm{m}$，$n=250$ 匝。

仿真感应磁场与理论感应磁场对比见图 4-25，详细结果统计见表 4-15。

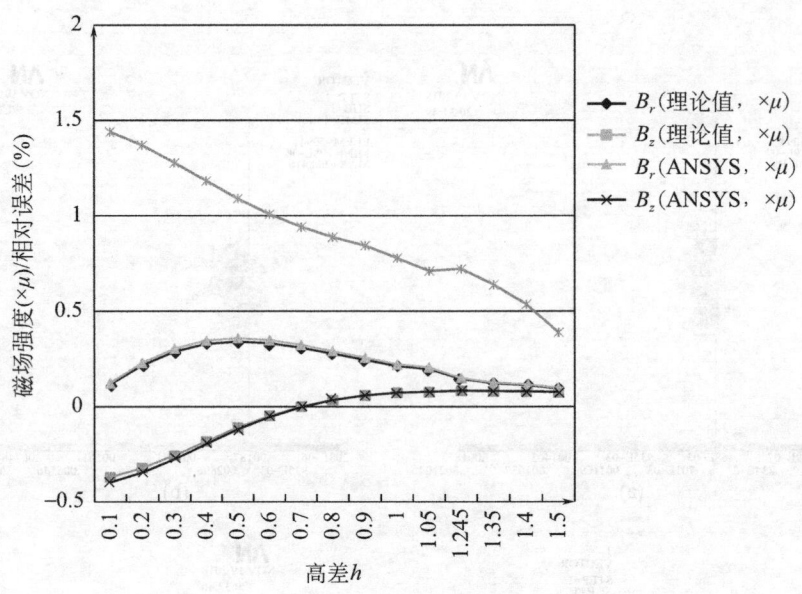

图 4-24 仿真工况⑰感应磁场对比及误差曲线图

仿真工况⑲结果统计表 表 4-15

实际高差 h(m)	B_r (理论值，$\times\mu$)	B_z (理论值，$\times\mu$)	B_r (ANSYS，$\times\mu$)	B_z (ANSYS，$\times\mu$)	反演高差 h_0(m)	反演误差（％）
0.1	0.4608	−1.4858	0.488	−1.5971	0.0985	1.43
0.2	0.8570	−1.2959	0.90673	−1.3933	0.1972	1.37
0.3	1.1440	−1.0260	1.2086	−1.1043	0.2961	1.28
0.4	1.3067	−0.7265	1.3781	−0.78415	0.3952	1.18
0.5	1.3564	−0.4406	1.4279	−0.47932	0.4945	1.09
0.6	1.3196	−0.1958	1.3866	−0.21918	0.5939	1.01
0.7	1.2266	−0.0042	1.2866	−0.01582	0.6934	0.94
0.8	1.1040	0.1346	1.1561	0.1313	0.7928	0.89
0.9	0.9715	0.2276	1.0157	0.22975	0.8924	0.84
1	0.8417	0.2841	0.87852	0.28975	0.9922	0.78
1.05	0.7803	0.3016	0.81356	0.30865	1.0425	0.71
1.245	0.5719	0.3235	0.59448	0.33158	1.2360	0.72
1.35	0.4814	0.3159	0.49947	0.32412	1.3413	0.64
1.4	0.4434	0.3096	0.45979	0.31818	1.3924	0.54
1.5	0.3763	0.2937	0.38903	0.30184	1.4941	0.39

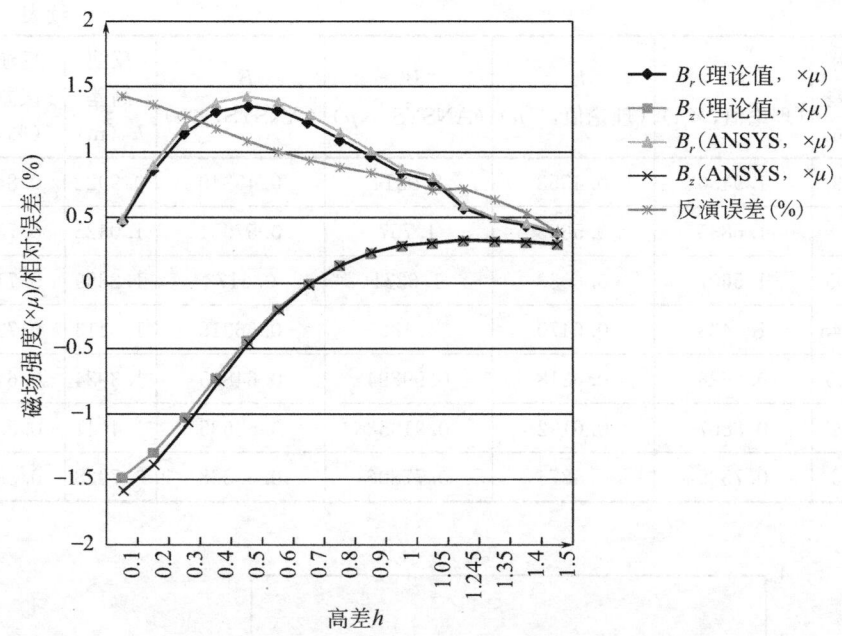

图 4-25 仿真工况⑲感应磁场对比及误差曲线图

仿真工况⑳：$a=1$m，$R=0.08$m，$I=8$A，$L=0.1$m，$d=0.003$m，$n=250$ 匝。

仿真感应磁场与理论感应磁场对比见图 4-26，详细结果统计见表 4-16。

仿真工况⑳结果统计表　　　　　　　　表 4-16

实际高差 h（m）	B_r（理论值，$\times\mu$）	B_z（理论值，$\times\mu$）	B_r（ANSYS，$\times\mu$）	B_z（ANSYS，$\times\mu$）	反演高差 h_0（m）	反演误差（%）
0.1	0.9217	-2.9716	0.97601	-3.1942	0.0985	1.43
0.2	1.7141	-2.5918	1.8135	-2.7866	0.1972	1.36
0.3	2.2880	-2.0521	2.4172	-2.2085	0.2961	1.28
0.4	2.6134	-1.4530	2.7562	-1.5683	0.3952	1.18
0.5	2.7128	-0.8811	2.8558	-0.95865	0.4945	1.09
0.6	2.6392	-0.3917	2.7731	-0.43836	0.5939	1.01
0.7	2.4532	-0.0084	2.5732	-0.031634	0.7928	0.94
0.8	2.2081	0.2693	2.3122	0.2626	0.8924	0.89

实际高差 h(m)	B_r (理论值,$\times\mu$)	B_z (理论值,$\times\mu$)	B_r (ANSYS,$\times\mu$)	B_z (ANSYS,$\times\mu$)	反演高差 h_0(m)	反演误差 (%)
0.9	1.9430	0.4553	2.0314	0.45949	0.9922	0.84
1	1.6835	0.5683	1.757	0.57951	1.0425	0.78
1.05	1.5607	0.6033	1.6271	0.6173	1.2359	0.71
1.245	1.1438	0.6470	1.189	0.66316	1.3413	0.72
1.35	0.9628	0.6318	0.99894	0.64825	1.3924	0.64
1.4	0.8867	0.6192	0.91958	0.63635	1.4941	0.53
1.5	0.7525	0.5874	0.77806	0.60368	0.7928	0.38

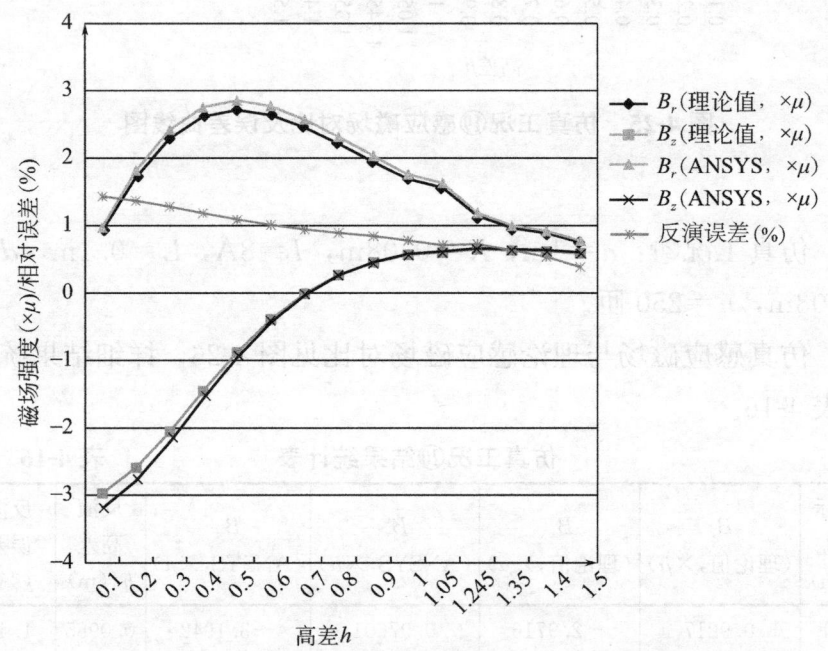

图 4-26 仿真工况⑳感应磁场对比及误差曲线图

电流 I 对照组反演误差对比（图 4-27）。

基于以上结果，总结如下：

（1）根据该组统计结果得知，虽然各工况磁场强度仿真结果与理论计算有一定差距，但是反演结果误差较小。

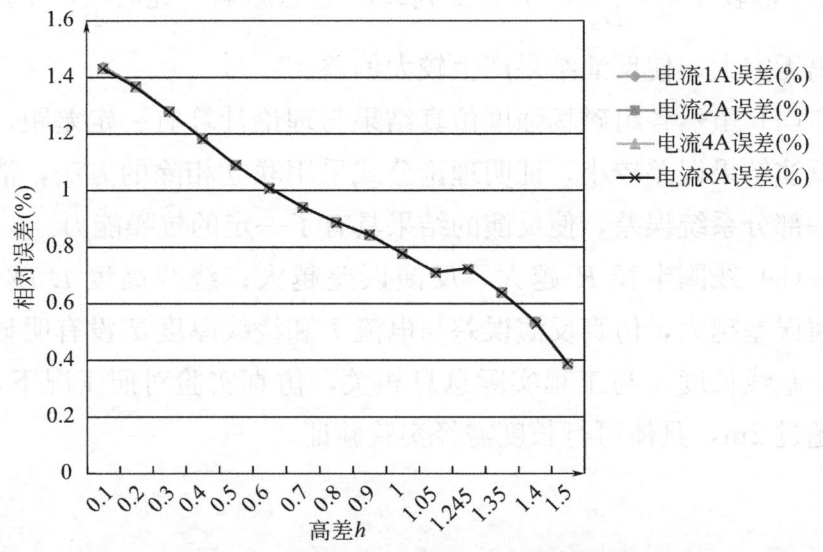

图 4-27　电流 I 对照组反演误差对比图

（2）对比各工况反演误差可得知反演误差大小与电流大小 I 关系不大。

4.5　本章小结

（1）根据各组磁场仿真计算结果，证明了磁偶极子磁场分量空间分布公式的正确性。

（2）除工况④外，五组对照组均成功反演出磁测仪与铁磁标签传感器之间的高差，证明理论反演公式成立。

（3）在高差为基线长度 a 的 ± 0.707 倍时，B_z 的值靠近理论分析结果，接近于 0，但是反演相对误差没有受到影响。分析反演公式（3-15），可知在 B_z 非常小的情况下，$\dfrac{B_r}{B_z}$ 的值趋近于无穷大，取极限得反演结果约等于 $0.707a$，符合实际情况。因此可知，4.1.1 中的猜想，在 B_r 值较大的情况下是不成立的。而

当 B_r 值较小时，$\dfrac{B_r}{B_z}$ 的值会受到线圈姿态影响，此时 $\dfrac{B_r}{B_z}$ 计算值偏离无穷大，使反演结果产生较大偏差。

（4）虽然各组磁场强度仿真结果与理论计算有一定差距，但是反演结果误差较小，证明理论公式采用联立相除的方法，消除了一部分系统误差，使反演的结果具有了一定的抗噪能力。

（5）线圈半径 R 越大，反演误差越大；绕线高度 L 越长，反演误差越大，仿真反演误差与电流 I 和绕线厚度 d 没有明显关系；基线长度 a 与工程实际息息相关，仿真实验对照工况下，a 不超过 2m，具体可行长度需经实验验证。

第 5 章　实验设计、过程及结果分析

5.1　实验目标

实际工程应用中，磁测仪测得的磁场强度包含了背景磁场。因此采用开关控制铁磁标签传感器磁场的方式，先测得实际工程的背景磁场在一段时间内的平均值 B_b，再打开铁磁标签传感器开关，测得背景磁场与铁磁标签传感器磁场的和 B_0，此时 $B \approx B_0 - B_b$，这样就大大减少了背景磁场的影响。而背景磁场会随时间的推移发生变化，如果铁磁标签传感器产生的磁场强度受背景磁场变化量影响十分大，就会影响反演结果。这就要求铁磁标签传感器的感应磁场强度要在一定程度上大于背景磁场的变化量，因此需要增大传感器磁场强度，实验目标如下：

（1）根据实验反演结果，进一步证明理论反演公式的可行性。

（2）验证猜想：增大铁磁标签传感器的感应磁场强度有利于减小反演误差。

（3）研究增大感应磁场强度的最佳方式。

（4）研究在仿真实验对照工况的参数设定的情况下，基线长度 a 的最大可行距离。

5.2　实验变量的确定

为达成 5.1 实验目标（2），设定电流 I、线圈半径 R 为参数变量，增加线圈匝数 n 同样可以增加磁场强度，根据公式（3-12），电流 I 与线圈匝数 n 对磁场强度的影响系数相同，同时根据第 4 章仿真分析结论，由于绕线厚度 d 对反演误差影响很小，因此将增加线圈匝数 n 与增加电流 I 设定为等效工况。

为达成 5.1 实验目标（3），在验证仿真工况①、②、③的基础上设置基线长度 a 为参数变量，增设多组试验工况，找到最大可行距离。

结合实验数据，验证 5.1 实验目标（1）。

5.3　实验工况设置

基线长度 a 对照组：

实验工况①：$a=0.5$m，$R=0.08$m，$I=2$A，$L=0.1$m，$d=0.003$m，$n=250$ 匝。

实验工况②：$a=1.0$m，$R=0.08$m，$I=2$A，$L=0.1$m，$d=0.003$m，$n=250$ 匝。

实验工况③：$a=1.1$m，$R=0.08$m，$I=2$A，$L=0.1$m，$d=0.003$m，$n=250$ 匝。

实验工况④：$a=1.2$m，$R=0.08$m，$I=2$A，$L=0.1$m，$d=0.003$m，$n=250$ 匝。

实验工况⑤：$a=1.3$m，$R=0.08$m，$I=2$A，$L=0.1$m，$d=0.003$m，$n=250$ 匝。

实验工况⑥：$a=1.4$m，$R=0.08$m，$I=2$A，$L=0.1$m，$d=0.003$m，$n=250$ 匝。

实验工况⑦：$a=1.5\mathrm{m}$，$R=0.08\mathrm{m}$，$I=2\mathrm{A}$，$L=0.1\mathrm{m}$，$d=0.003\mathrm{m}$，$n=250$ 匝。

线圈半径 R 对照组：

实验工况⑧：$a=1\mathrm{m}$，$R=0.08\mathrm{m}$，$I=2\mathrm{A}$，$L=0.1\mathrm{m}$，$d=0.003\mathrm{m}$，$n=250$ 匝。

实验工况⑨：$a=1\mathrm{m}$，$R=0.10\mathrm{m}$，$I=2\mathrm{A}$，$L=0.1\mathrm{m}$，$d=0.003\mathrm{m}$，$n=250$ 匝。

实验工况⑩：$a=1\mathrm{m}$，$R=0.12\mathrm{m}$，$I=2\mathrm{A}$，$L=0.1\mathrm{m}$，$d=0.003\mathrm{m}$，$n=250$ 匝。

实验工况⑪：$a=1\mathrm{m}$，$R=0.14\mathrm{m}$，$I=2\mathrm{A}$，$L=0.1\mathrm{m}$，$d=0.003\mathrm{m}$，$n=250$ 匝。

电流 I 对照组：

实验工况⑫：$a=1\mathrm{m}$，$R=0.08\mathrm{m}$，$I=1\mathrm{A}$，$L=0.1\mathrm{m}$，$d=0.003\mathrm{m}$，$n=250$ 匝。

实验工况⑬：$a=1\mathrm{m}$，$R=0.08\mathrm{m}$，$I=2\mathrm{A}$，$L=0.1\mathrm{m}$，$d=0.003\mathrm{m}$，$n=250$ 匝。

实验工况⑭：$a=1\mathrm{m}$，$R=0.08\mathrm{m}$，$I=4\mathrm{A}$，$L=0.1\mathrm{m}$，$d=0.003\mathrm{m}$，$n=250$ 匝。

实验工况⑮：$a=1\mathrm{m}$，$R=0.08\mathrm{m}$，$I=8\mathrm{A}$，$L=0.1\mathrm{m}$，$d=0.003\mathrm{m}$，$n=250$ 匝。

以上 15 个实验工况中，工况序号②、⑧、⑬参数相同，均为基本对照工况。

5.4 实验介绍

5.4.1 主要仪器介绍

图 5-1 为精度 0.01mGs 的三轴磁测仪，定位原点为仪器背面标识向上 1cm 处；图 5-2 为额定电压 12V 的蓄电池，为螺线管提

供直流电源；图 5-3 为最大功率 200W 的负载；图 5-4 为两个升降高度 0.25m 的物品升降架；图 5-5 为螺线管（代替磁标签传感器）。

图 5-1　磁测仪

图 5-2　蓄电池

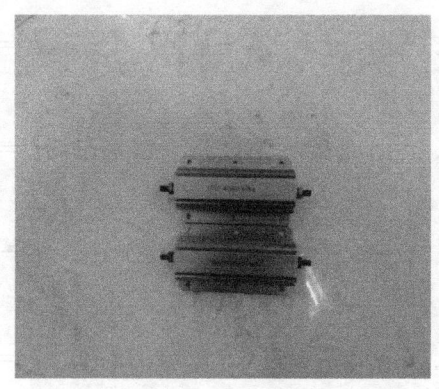

图 5-3　负载

图 5-4　物品升降架

图 5-5　螺线管

5.4.2　实验方法

通过改变磁测仪与螺线管中心水平距离来设定基线长度 a；通过使用不同半径的螺线管来设定线圈半径 R；电流 I 大小通过改变蓄电池与负载连线方式、更换负载的方法控制；将磁测仪放置于物品升降台上，通过调整升降台高度使高差发生变化，如图 5-6 所示。

图 5-6　实验过程示意图

5.5　实验结果及分析

5.5.1　基线长度 a 对照组

本对照组各实验工况结果统计见表 5-1～表 5-7。

实验工况①结果统计表　　　　　　　　　　表 5-1

实际高差 h（m）	B_r（mGs）	B_z（mGs）	反演结果 h_0（m）	反演误差（%）
0.1	44.05	−67.12	0.095756	4.24
0.2	65.94	−37.21	0.192577	3.71

实际高差 h(m)	B_r(mGs)	B_z(mGs)	反演结果 h_0(m)	反演误差(%)
0.3	67.39	−9.85	0.293921	2.03
0.42	53.19	8.61	0.410422	2.28
0.49	42.95	12.79	0.473668	3.33
0.6	31.81	16.33	0.58705	2.60
0.7	22.50	16.08	0.704362	0.62
0.8	15.33	12.79	0.778179	2.73
0.9	12.22	12.13	0.879615	2.26
1	7.89	9.58	1.026894	2.69
1.1	6.69	8.13	1.027311	6.61
1.146	5.43	7.21	1.103497	3.71
1.35	3.79	5.93	1.268347	6.05
1.4	2.70	4.89	1.440128	2.87
1.5	2.53	4.43	1.39674	6.88

实验工况②结果统计表　　　　　　表 5-2

实际高差 h(m)	B_r(mGs)	B_z(mGs)	反演结果 h_0(m)	反演误差(%)
0.1	3.13	−10.09	0.100032	0.03
0.2	5.55	−8.75	0.19297	3.51
0.3	7.54	−6.56	0.306468	2.16
0.4	8.47	−4.63	0.403633	0.91
0.5	8.67	−3.17	0.479653	4.07
0.6	8.11	−1.52	0.575867	4.02
0.7	8.16	−0.47	0.661107	5.56
0.8	6.46	1.25	0.862036	7.75
0.9	5.83	1.11	0.859677	4.48
1	5.65	1.51	0.931374	6.68
1.05	4.32	2.10	1.155988	10.09
1.245	3.78	2.53	1.364843	9.63
1.35	2.96	1.37	1.131267	16.20

实际高差 h(m)	B_r(mGs)	B_z(mGs)	反演结果 h_0(m)	反演误差(%)
1.4	2.66	1.87	1.405344	0.38
1.5	2.02	1.36	1.371629	8.56

实验工况③结果统计表 表 5-3

实际高差 h(m)	B_r(mGs)	B_z(mGs)	反演结果 h_0(m)	反演误差(%)
0.1	2.86	−11.18	0.09166	8.34
0.2	5.66	−10.38	0.186299	6.85
0.3	7.40	−7.67	0.297972	0.68
0.4	8.57	−5.84	0.394363	1.41
0.5	9.19	−3.75	0.507001	1.40
0.6	9.91	−2.83	0.573215	4.46
0.7	9.35	−1.46	0.655207	6.40
0.8	8.75	0.30	−0.74588	0.32
0.9	8.06	1.61	−0.626	6.25
1	6.94	1.99	−0.57247	4.57
1.1	5.86	2.07	−0.53513	1.69
1.2	5.53	1.74	−0.55672	10.40
1.3	4.39	2.29	−0.4548	1.25
1.4	4.04	2.82	−0.38853	10.05
1.5	3.23	2.61	−0.35488	12.45

实验工况④结果统计表 表 5-4

实际高差 h(m)	B_r(mGs)	B_z(mGs)	反演结果 h_0(m)	反演误差(%)
0.1	2.28	−8.81	0.10095	0.95
0.2	4.12	−8.10	0.191508	4.25
0.3	5.50	−6.60	0.291285	2.90
0.38	5.92	−5.67	0.345261	9.14
0.5	7.16	−4.18	0.469319	6.14
0.6	7.71	−2.69	0.58726	2.12

实际高差 h(m)	B_r(mGs)	B_z(mGs)	反演结果 h_0(m)	反演误差(%)
0.7	7.70	−1.87	0.65367	6.62
0.8	7.43	−0.09	0.834273	4.28
0.9	6.03	0.37	−0.79203	0.11
1	6.22	0.97	−0.71618	0.36
1.1	5.01	1.73	−0.58979	9.99
1.2	4.43	1.63	−0.57615	3.21
1.3	4.08	1.86	−0.52841	3.88
1.4	3.35	1.63	−0.5142	0.87
1.5	3.35	1.67	−0.50747	6.25

实验工况⑤结果统计表　　　　　　　表 5-5

实际高差 h(m)	B_r(mGs)	B_z(mGs)	反演结果 h_0(m)	反演误差(%)
0.1	1.62	−7.50	0.09174	8.26
0.2	2.98	−6.26	0.195374	2.31
0.3	4.07	−5.93	0.269258	10.25
0.38	5.07	−4.73	0.381015	0.27
0.5	5.66	−3.64	0.48274	3.45
0.6	6.13	−3.05	0.550938	8.18
0.7	6.46	−1.27	0.743515	6.22
0.8	8.51	−0.91	0.817018	2.13
0.9	5.68	−0.30	0.86646	3.73
1	5.59	−0.10	0.898503	10.15
1.1	4.51	1.02	−0.7207	5.78
1.2	4.22	1.24	−0.67351	3.76
1.3	3.68	1.22	−0.6484	0.51
1.4	3.13	1.66	−0.53416	12.14
1.5	2.82	1.40	−0.55167	1.34

实验工况⑥结果统计表　　　　　　　**表 5-6**

实际高差 h(m)	B_r(mGs)	B_z(mGs)	反演结果 h_0(m)	反演误差(%)
0.1	0.88	−5.54	0.073657	26.34
0.2	2.46	−5.74	0.191228	4.39
0.3	3.36	−4.62	0.304921	1.64
0.38	4.10	−3.63	0.425293	11.92
0.5	4.34	−3.67	0.439518	12.10
0.6	4.59	−1.95	0.637048	6.17
0.7	4.58	−2.02	0.627198	10.40
0.8	4.90	−1.29	0.74848	6.44
0.9	4.44	−0.40	0.896256	0.42
1	4.75	0.14	−0.95548	1.90
1.1	3.78	0.07	−0.96617	8.39
1.2	3.59	0.48	−0.85638	5.26
1.3	3.05	1.08	−0.68144	9.90
1.4	2.92	0.53	−0.81463	14.63
1.5	2.69	1.18	−0.62809	3.34

实验工况⑦结果统计表　　　　　　　**表 5-7**

实际高差 h(m)	B_r(mGs)	B_z(mGs)	反演结果 h_0(m)	反演误差(%)
0.15	1.06	−2.62	0.194165	29.44
0.2	0.90	−2.49	0.174868	12.57
0.3	1.46	−2.85	0.241672	19.44
0.4	1.52	−1.88	0.355615	11.10
0.5	2.34	−2.06	0.458177	8.36
0.6	2.51	−0.95	0.715085	19.18
0.7	2.33	−1.15	0.641007	8.43
0.8	2.53	−0.42	0.886064	10.76
0.9	2.85	−0.02	1.048107	16.46
1	1.84	0.14	1.147792	14.78
1.1	2.22	−0.25	1.194532	14.87

实际高差 h(m)	B_r(mGs)	B_z(mGs)	反演结果 h_0(m)	反演误差(%)
1.2	1.76	0.55	1.461862	21.82
1.3	1.68	0.71	1.640569	20.76
1.4	1.63	0.51	1.468574	4.90
1.45	1.45	0.96	2.046437	41.13

将本对照组各工况反演误差进行对比（图 5-7）。

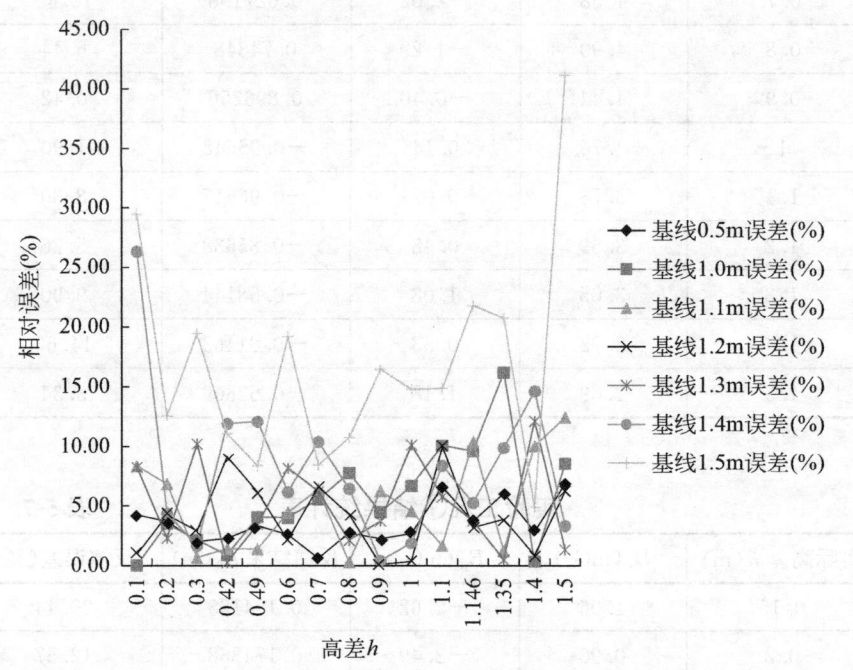

图 5-7　基线长度 a 对照组实验反演误差对比图

基于以上结果，总结如下：

由于变化的背景磁场与不可避免的统计误差的影响，统计结果呈现的规律性不明显，但仍然可以得知：

（1）在高差为 0.1～1m 时，反演误差与基线长度 a 正相关。

（2）基线长度 a 越短，误差波动越小。

（3）在按照本实验设定参数的工况下，若要求监测冲刷最大深度为 1m，最大误差为 10%，则基线长度 a 最大值为 1.3m。

5.5.2 线圈半径 R 对照组

本对照组各实验工况结果统计见表 5-8～表 5-10；其中，实验工况⑧统计结果与实验工况②相同，在此不做统计。

实验工况⑨结果统计表　　　　　　　　表 5-8

实际高差 h(m)	B_r(mGs)	B_z(mGs)	反演结果 h_0(m)	反演误差(%)
0.1	4.63	−14.23	0.103917	3.92
0.2	8.78	−13.80	0.1921821	3.91
0.3	11.16	−9.74	0.3038815	1.29
0.4	12.21	−7.37	0.3808126	4.80
0.5	13.42	−4.59	0.4889629	2.21
0.6	12.33	−1.47	0.6161809	2.70
0.7	12.18	−0.21	0.6870514	1.85
0.8	10.42	1.65	0.8291232	3.64
0.9	9.35	2.11	0.88995	1.12
1	7.73	3.00	1.0488214	4.88
1.05	7.78	3.31	1.0880575	3.62
1.245	5.64	2.63	1.1321116	9.07
1.35	4.63	3.02	1.3430716	0.51
1.4	4.60	3.28	1.4158939	1.14
1.5	3.58	2.94	1.5471102	3.14

实验工况⑩结果统计表　　　　　　　　表 5-9

实际高差 h(m)	B_r(mGs)	B_z(mGs)	反演结果 h_0(m)	反演误差(%)
0.1	6.28	−21.03	0.09486234	5.14
0.2	11.87	−18.12	0.19543473	2.28
0.3	16.02	−14.39	0.295518575	1.49
0.4	18.64	−10.25	0.39729131	0.68
0.5	19.19	−6.86	0.478621842	4.28
0.6	19.09	−3.07	0.586500002	2.25
0.7	18.32	−0.43	0.679374237	2.95
0.8	14.75	1.55	0.779969248	2.50

实际高差 h（m）	B_r（mGs）	B_z（mGs）	反演结果 h_0（m）	反演误差（%）
0.9	13.43	3.14	0.894076017	0.66
1	10.85	3.44	0.97385535	2.61
1.05	11.13	4.56	1.069133939	1.82
1.245	7.87	4.74	1.281913038	2.96
1.35	6.75	4.71	1.394538139	3.30
1.4	5.59	4.26	1.472480867	5.18
1.5	5.09	3.63	1.41275246	5.82

实验工况⑪结果统计表　　　　　　　　　　　表 5-10

实际高差 h（m）	B_r（mGs）	B_z（mGs）	反演结果 h_0（m）	反演误差（%）
0.1	8.65	−28.29	0.095995	−4.01
0.2	16.32	−24.74	0.194561	−2.72
0.3	21.86	−19.99	0.28924	−3.59
0.4	25.09	−14.33	0.386401	−3.40
0.5	27.10	−8.57	0.495327	−0.93
0.6	25.95	−3.97	0.587824	−2.03
0.7	24.10	0.26	0.701168	0.17
0.8	21.47	2.92	0.802474	0.31
0.9	17.98	4.73	0.917969	2.00
1	15.79	5.03	0.972331	−2.77
1.05	14.65	5.14	1.004399	−4.34
1.245	11.05	6.20	1.231367	−1.10
1.35	8.71	6.22	1.411178	4.53
1.4	8.67	6.21	1.414534	1.04
1.5	7.60	6.24	1.543117	2.87

将本对照组各工况反演误差进行对比（图 5-8）。

基于以上结果，总结如下：

（1）增大线圈半径 R，能有效地增加磁场强度。

（2）在按照本实验设定参数的工况下，实际高差 h 大于 0.6m 时，线圈半径 R 越大，误差越小；实际高差 h 小于 0.6m 时，无明显统计规律。

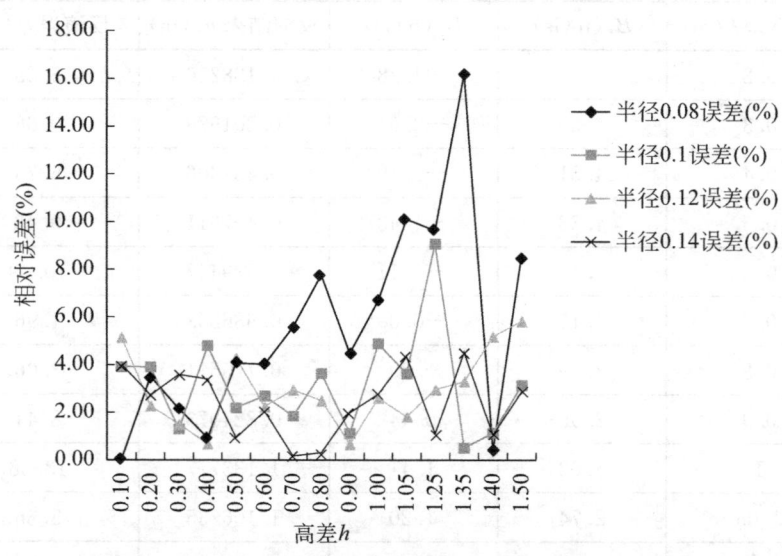

图 5-8 线圈半径 R 对照组实验反演误差对比图

（3）结合章节 4.4.3 仿真分析结果可得知，线圈半径 R 本身与反演误差大小正相关，但增大线圈半径 R，能有效地增加磁场强度，从而减小反演误差。本对照组在实际高差 h 小于 0.6m 时，增大线圈半径 R，一方面会因螺线管形态改变增大反演误差，另一方面又因增大了感应磁场强度减小了反演误差，因此显现出无明显统计规律的现象。当高差 h 大于 0.6m 时，线圈形态的影响被磁感应强度的影响所覆盖，因此显现出线圈半径 R 的大小与反演误差负相关的现象。

5.5.3 电流 I 对照组

本对照组各实验工况结果统计见表 5-11～表 5-13；其中，实验工况⑬统计结果与实验工况②相同，在此不做统计。

实验工况⑫结果统计表 表 5-11

实际高差 h（m）	B_r（mGs）	B_z（mGs）	反演结果 h_0（m）	反演误差（%）
0.1	1.23	−5.24	0.076128	23.87

实际高差 h(m)	B_r(mGs)	B_z(mGs)	反演结果 h_0(m)	反演误差(%)
0.2	2.63	−4.28	0.188236	5.88
0.3	4.09	−3.64	0.301979	0.66
0.4	4.51	−2.19	0.427006	6.75
0.5	4.33	−1.43	0.497611	0.48
0.6	4.45	−1.11	0.539447	10.09
0.7	4.11	−0.09	0.686253	1.96
0.8	3.09	0.29	0.775511	3.06
0.9	2.95	0.44	0.824073	8.44
1	3.03	1.41	1.133777	13.38
1.05	2.74	1.20	1.106235	5.36
1.245	1.66	1.38	1.564426	25.66
1.35	1.16	1.45	2.102786	55.76
1.4	1.78	1.08	1.290333	7.83
1.5	0.94	1.33	2.328956	55.26

实验工况⑭结果统计表　　　　　　　　表 5-12

实际高差 h(m)	B_r(mGs)	B_z(mGs)	反演结果 h_0(m)	反演误差(%)
0.1	5.16	−17.31	0.096228	3.77
0.2	10.43	−16.80	0.189446	5.28
0.3	14.02	−13.03	0.292676	2.44
0.4	15.84	−9.37	0.387194	3.20
0.5	14.99	−4.67	0.506894	1.38
0.6	14.96	−1.97	0.610656	1.78
0.7	13.90	−0.60	0.671163	4.12
0.8	13.22	1.28	0.778949	2.63
0.9	12.21	2.76	0.892509	0.83
1	9.31	2.95	0.979755	2.02
1.05	9.39	3.41	1.02561	2.32
1.245	6.46	4.13	1.330111	6.84

实际高差 h(m)	B_r(mGs)	B_z(mGs)	反演结果 h_0(m)	反演误差(%)
1.35	5.19	3.70	1.418757	5.09
1.4	5.03	3.05	1.291686	7.74
1.5	4.35	2.83	1.344927	10.34

实验工况⑮结果统计表　　　　　表 5-13

实际高差 h(m)	B_r(mGs)	B_z(mGs)	反演结果 h_0(m)	反演误差(%)
0.1	9.72	−31.08	0.100801	0.80
0.2	22.68	−35.13	0.195922	2.04
0.3	25.68	−24.04	0.291187	2.94
0.4	29.52	−17.13	0.391193	2.20
0.5	31.49	−10.21	0.500308	0.06
0.6	32.74	−5.16	0.594334	0.94
0.7	30.48	−0.48	0.690887	1.30
0.8	24.78	2.38	0.778132	2.73
0.9	20.92	4.37	0.876593	2.60
1	17.92	5.51	0.970112	2.99
1.05	16.51	6.10	1.032136	1.70
1.245	11.44	6.57	1.254283	0.75
1.35	11.16	6.71	1.285487	4.78
1.4	9.82	6.74	1.385279	1.05
1.5	8.79	7.45	1.583944	5.60

将该对照组各工况反演误差进行对比（图 5-9）。

基于以上结果，总结如下：

（1）增加电流 I，能有效地增加感应磁场强度。

（2）在按照本实验设定参数的工况下，电流 I 越大，反演误差越小。

（3）结合章节 4.4.5 仿真分析结论可得知，电流 I 的大小本身对反演误差影响较小，但电流 I 增大会使得感应磁场强度增大，从而减小反演误差。

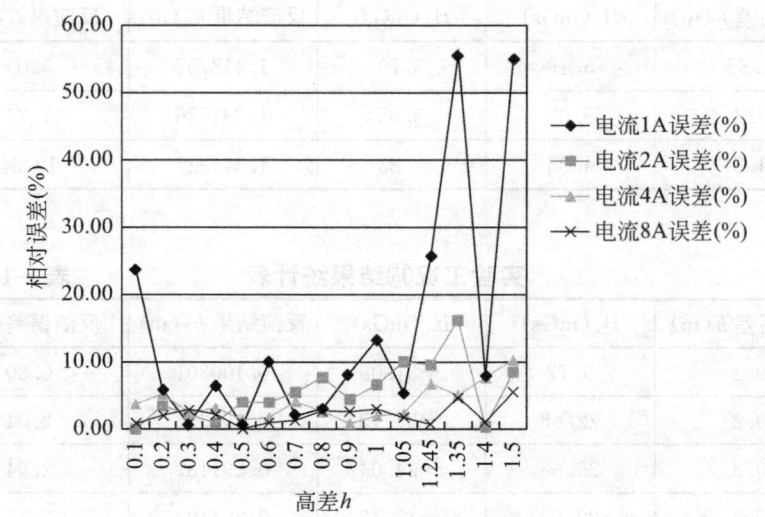

图 5-9　电流 I 对照组实验反演误差对比图

5.6　本章小结

（1）根据所统计的实验数据，进一步证明了理论公式（3-15）是成立的。

（2）实验数据表明，增大铁磁标签传感器感应磁场强度，能够覆盖背景磁场变化量，进而减小反演误差。

（3）增大电流 I（绕线匝数 n）能有效增加感应磁场强度，进而减小反演相对误差。

（4）虽然仿真分析证明，增大线圈半径 R 会使近基线长度 a 距离的相对误差增大，但增大 R 同样会增加感应磁场强度，使反演相对误差减小。在远基线长度 a 处，可考虑在工程实际条件允许的情况下适当增加铁磁标签传感器半径 R。

（5）按照基本对照工况设定参数，若要求监测冲刷深度为1m，误差为 10%，则基线长度 a 最大为 $1.3m$。

第 6 章

设备协调优化布设及数据处理系统

6.1 铁磁标签传感器的参数设计要点

（1）半径 R：铁磁标签传感器半径须根据扇形扫描声呐反映的河床冲刷情况来设定，当拟定监测点的河床冲刷坡度较缓时，可通过适当增大铁磁标签传感器半径 R 的方式来增大感应磁场强度，以缩小由背景磁场变化量带来的监测误差；若所在点位河床冲刷坡度较陡，则须适当缩小铁磁标签传感器半径，使其不被坡面阻挡。

（2）绕线高度 L：理论上，磁偶极子不存在此参数，为了尽量模拟磁偶极子在空间中的表现，应尽量减小高度 L。另外，通过第 4 章与第 5 章中的仿真与实验分析证明：铁磁标签传感器内置螺线管绕线高度 L 越高，反演误差越大，因此需尽量减小内置螺线管绕线高度 L。

（3）绕线厚度 d：根据本书第 4 章与第 5 章中的仿真与实验分析结果，绕线厚度 d 对反演结果影响不大，因此在适当的情况下，可通过改变该参数来满足其他参数的设计需求。

（4）电流 I、匝数 n：随着线圈通电电流 I 以及匝数 n 的增加，铁磁标签传感器的感应电磁场随之增强，由仿真预实验分析结果得知，感应电磁场越大，反演误差越小，因此改组参数宜尽可能增大。

（5）当需要通过增大铁磁标签传感器的感应磁场来减小反演误差时，建议通过增大电流 I 或者增加绕线匝数 n 的方式来实现，其中增加绕线匝数 n 时，宜横向增加其绕线厚度 d，不宜增加绕线高度 L。

6.2　铁磁标签传感器及数据采集设备的布设

由第 4 章实验分析结果可知，磁测仪与铁磁标签传感器之间的基线距离 a 的最小值及最大值分别受线圈半径 R 及传感器感应磁场强度的影响，因此无法用单一磁测仪来监测所有点位冲刷情况。但多个监测点位会出现基线范围重合域（图 6-1），只要磁测仪在此重合域内，就可监测这些点位冲刷情况。

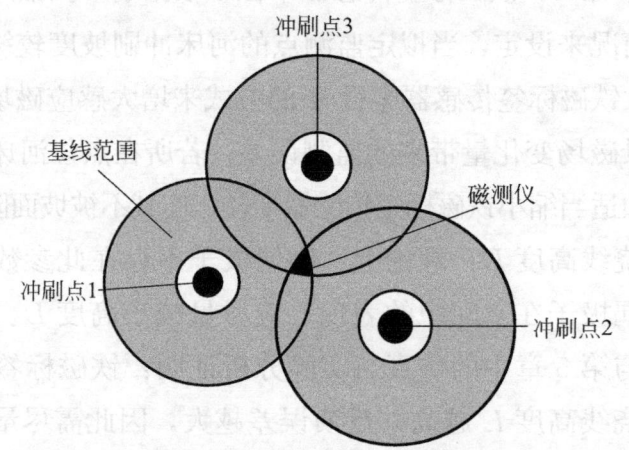

图 6-1　磁测仪布设示意图

注：

（1）磁测仪 z 轴需与磁性导轨平行（一般都设定为垂直于水平面）。

（2）磁测仪与铁磁标签传感器初始高差不宜小于 0.1m（在 0~0.1m 高差时，B_r 过小导致反演结果失真）。

（3）磁测仪与铁磁标签传感器水平距离（即基线长度）必须大于铁磁标签传感器高度的 2.5 倍。

为了使磁测仪的布设经济、合理、有效，本书提出了分离式与一体式两种磁测仪布设方法。

6.2.1 分离式布设法

分离式布设法是指将磁测仪与铁磁标签传感器分离的布设方法（图6-2）。即在多个传感器的基线重合域内，布设磁测仪，用同一个磁测仪监测多个监测点。图6-2中给出了存在五个监测点位时，基线重合域可能出现的情况。选择如图6-2中所示全基线重合域作为数据采集及其他辅助设备的设置点，用水密封箱集合所有相关设备，封箱内可放置采集模块和临时供电系统以及继电器，同时可代替传感器本身的辅助设备（图2-2）。用防水导线连接供电设备及各个传感器（图6-3），形成"蛛网"状布局。

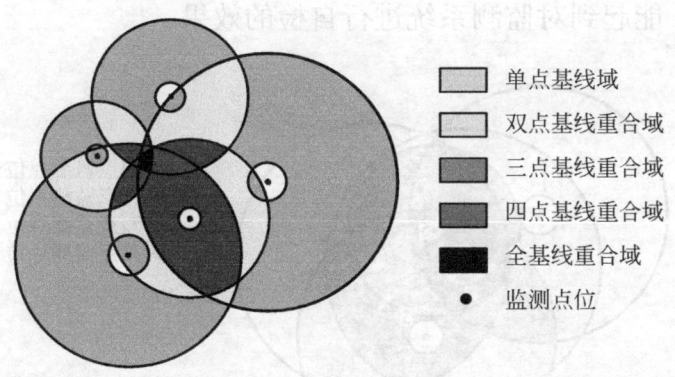

图 6-2　基线重合域

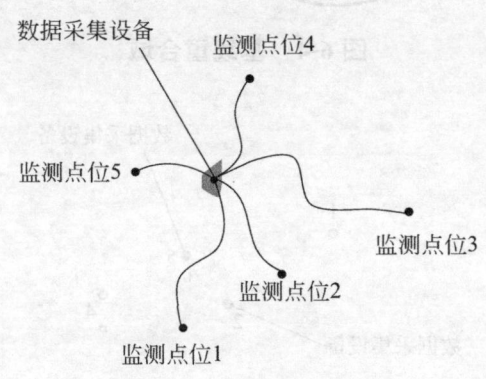

图 6-3　分离式布设法

6.2.2　一体式布设法

一体式布设法是指将磁测仪置于传感器辅助设备（图 2-2）内部，使其与传感器成为一个整体。需要注意的是，由于基线长度 a 距离不能过小，置于传感器辅助设备内部的磁测仪不用于监测自身传感器所在点位的冲刷，而是监测该点位所处重合域的其他点位（图 6-4）。在满足所有点位都可监测到的情况下，可减少磁测仪的布设数量。在 2 号监测点位辅助设备内部增设数据采集设备，可测得 1、3、4、5 号点位冲刷情况（图 6-5）；而在 5 号监测点位增设数据采集设备，可获得 1、2、3、4 号点位冲刷情况。仅需在这两个点位设置采集设备，即可囊括全部的五个点位，值得注意的是，1、3、4 号点位冲刷情况重复获得，对比两个数据，能起到对监测系统进行自检的效果。

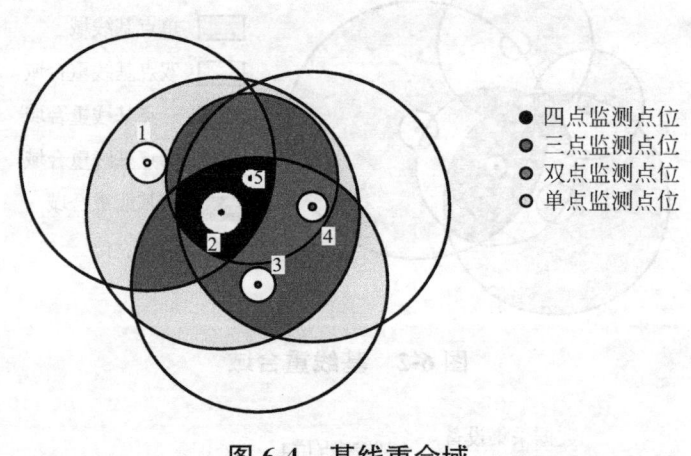

图 6-4　基线重合域

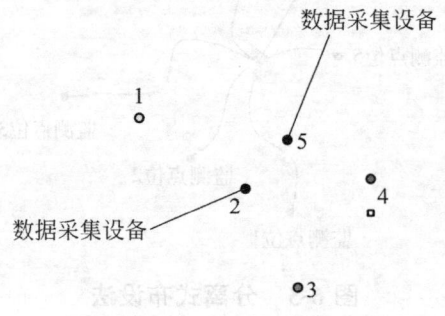

图 6-5　一体式布设法

基于重力驱动磁传感的河床冲刷监测系统研究

6.2.3 两种布设方法的适用性

对比图 6-2 与图 6-4，可以看出，若想在图 6-2 所示基线域情况下使用一体式布设法，则需要设置 4 个传感器，且监测点位 3 的冲刷情况无法获取。因此可以看出一体式布设法的局限性：当所需监测点位比较分散，多点位基线重合域面积内无监测点位时，一体式布设法不适用。

当监测点位比较密集时，一体式布设法得以适用。在特殊的环境条件下，如水下净空有限，不利于增设多余的监测设备时，一体式布设法更能节省水下空间。

6.3 磁场数据处理程序

数据采集系统由磁测仪及采集模块组成，磁测仪用来测得各监测点位磁场数据，测得的磁场数据由数据采集模块进行采集并上传至云端。

基于式（3-15）编写监测程序，利用计算机连接云端将获得的磁场数据直接输入监测程序，实时反演冲刷深度。

程序编写需要解决结果筛选问题，回到式（3-15），利用韦达定理研究两个解的性质。

根据韦达定理得知，式（3-15）中，反演计算的两根之积为：

$$x_1 \times x_2 = R^2 - \frac{a^2}{2}$$

实际工况下，$R \ll a$，因此 $x_1 \times x_2 = R^2 - \frac{a^2}{2} < 0$，所以 x_1、x_2 两根的值符号相反。而在布设采集设备时，采集设备设置高度一般高于铁磁标签传感器设置高度，因此实际高差 $h > 0$，所以反演结果一般取正值。

本书根据式（3-15）以及本章推论的结果选取方法，使用

Python 编程，设计了可用于采集数据处理的单元程序——重力驱动磁传感河床冲刷监测系统。具体使用方法如下：

（1）打开程序，在主界面设置所监测点位参数信息（图 6-6），具体有：传感器线圈半径 R、基线长度 a 和初始高差 h'，单位均为米（m）。

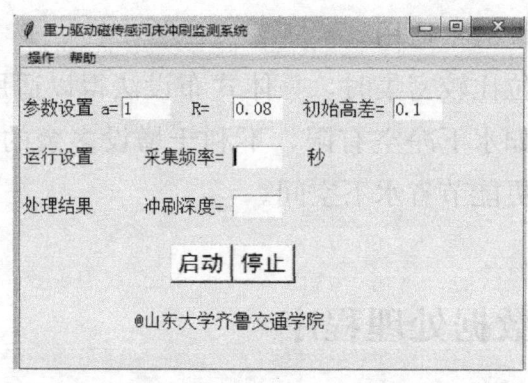

图 6-6　程序参数设置

（2）在操作栏，设置导出与导入路径，其中导入路径选择采集数据库。

（3）根据采集设备采集频率，设置运行频率，其值与采集频率相等（图 6-7）。

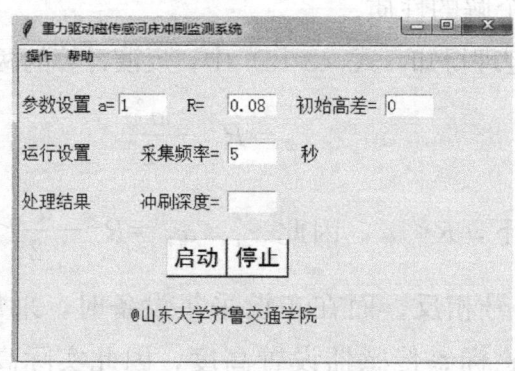

图 6-7　计算频率设置

（4）点击"启动"按钮，可在界面实时获得冲刷结果（图 6-8）。

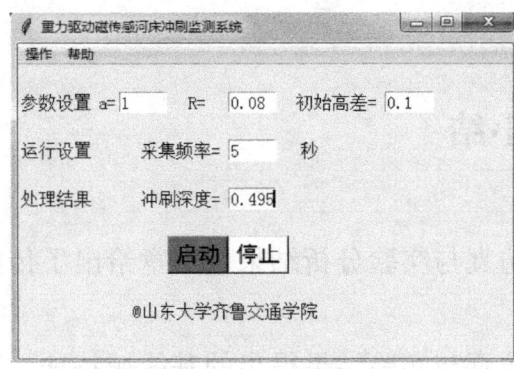

图 6-8　启动计算

（5）可在输出文件中获得程序启动时间内冲刷情况实时记录（图 6-9）。

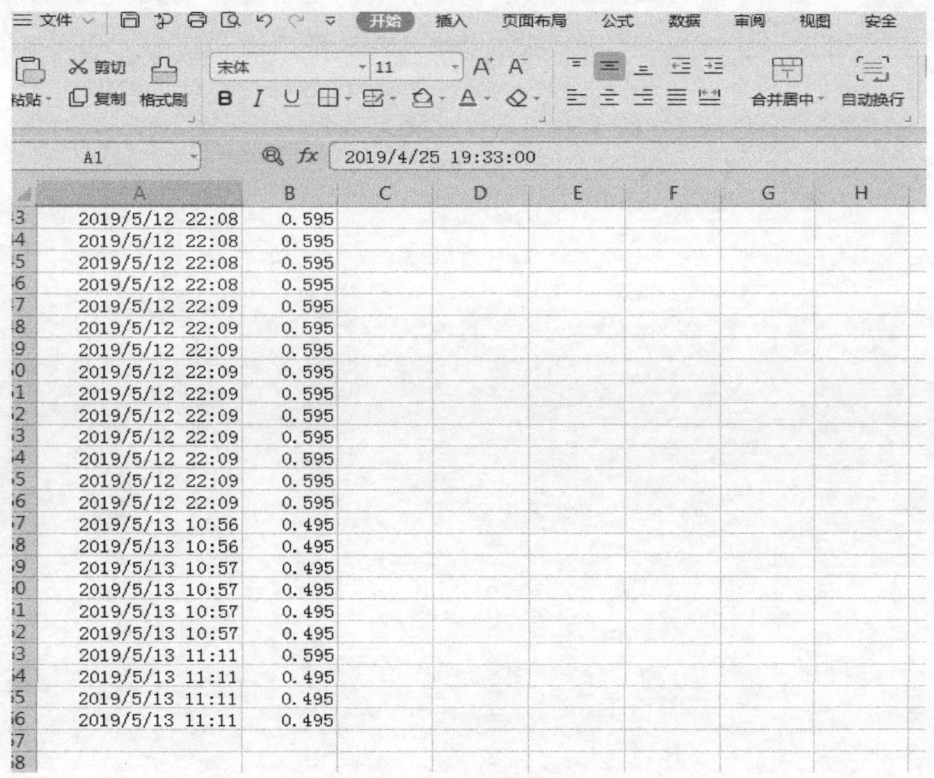

图 6-9　提取数据库

至此，整个基于重力驱动磁传感河床冲刷监测系统建立完成。

6.4 本章小结

（1）结合仿真与实验分析结果，本章给出了传感器各个参数的设计要点。

（2）通过仿真与实验结果得出的基线域特征，总结了两种数据采集设备布设方法，并提出了两者的适用条件。

（3）根据反演公式（3-15）解的特征，编写了用于采集数据处理的单元程序。

参考文献

[1] YU Xin-bao，YU Xiong. assessment of an automation algorithm for tDR bridge scour monitoring system [J]. Advancesin Structural Engineering，2011，14（1）：13-24.

[2] 贾界峰，高正荣，周永涛. 群桩基础局部冲刷防护工程的关键技术研究 [J] 公路，2012（4）：35-39.

[3] 付鹏程，陈志坚. 苏通大桥北主墩河床防护层对水下冲刷边坡稳定的影响 [J]. 水道港口，2019，40（1）：93-98.

[4] Barker J. B.，Biehler A. D. ，BROWN L. L. Monitoring scour critical bridges. Transportation Research Board [A]. Washington，D. C.，2009.

[5] Zhi Zhou，Hinghua Huang，Jianping He，et al. Advances of monitoring techniques for bridge scour [J]. Pacific Science Review，2009，1（2）：127-134.

[6] 房世龙，陈红，王岗. 桥墩局部冲刷防护工程特性研究综述 [J]. 水利水电科技进展，2007（4）：84-89.

[7] 郭秀军，尚可旭，张刚，等. 桥梁基础冲刷过程原位电学监测技术 [J]. 地球物理学进展，2016，31（1）：427-432.

[8] 王飞. 桥梁桩基冲刷原位电学监测及稳定性评价研究 [D]. 中国海洋大学，2012.

[9] Panagiotis M. ，Mohamed S. ，Martin J. . Capacitive sensors for offshore scour monitoring [J]. Energy，2012，66（4）：189-196.

[10] Murray Fisher，Md. Nasimul Chowdhury，Abdul A. Khan，et al. An evaluation of scour measurement devices [J]. Flow Measurement and Instrumentation，2013，（33）：55-67.

[11] 庞香润. 基于 FBG 传感器宏应变分布技术的混凝土梁桥监测研究 [D]. 苏州科技大学，2018.

[12] 刘安龙，朱纬，魏金龙，等. 基于 FBG 传感器的桥梁结构应变监测 [J]. 安徽建筑，2018，24（2）：147-149.

[13] 邢厚俊. 光纤光栅传感技术用于铁路边坡滑动监测的试验研究 [J]. 铁道建筑，2018，58（2）：85-88.

[14] 熊文，CAI C S，叶见曙. 基于布拉格光栅传感器的桥墩基础冲刷动态监测试验 [J]. 中国公路学报，2014，27（5）：125-130.

[15] Yung-Bin Lin，Jin-Chong Chen，Kuo-Chun Chang. Real-time monitoring of local scour by using fiber Bragg grating sensors ［J］. Smart materials and structures，2005，(14)：664-670.

[16] Murray Fisher，Sez Atamturktur，Abdul A Khan. A novel vibration-based monitoring technique for bridge pier and abutment scour ［J］. Structural Health Monitoring，2013，2 (2)：114-125.

[17] 郭戈，王兴凯，徐慧朴. 基于声呐图像的水下目标检测、识别与跟踪研究综述 ［J］. 控制与决策，2018，33 (5)：906-922.

[18] 赵培聪. 国外声呐技术研究现状与发展趋势 ［J］. 现代雷达，2016，38 (8)：20-24＋69.

[19] 张瑶. 浅海条件下主动声呐目标探测若干方法研究 ［D］. 哈尔滨工程大学，2013.

[20] Fisher M，Chowdhury M. N，Khan AA. An evaluation of scour measurement devices ［J］. Flow Measurement and Instrumentation，2013，33：55-67.

[21] Song Chen，Yingxue Sun，Dawei Liu. Monitoring technique for local scour around bridge pier ［J］. Earth and Space，2012，(8)：914-919.

[22] 罗柏文，夏毅敏，卜英勇，等. 摆动式超声单波束水下微地形探测实验台建立 ［J］. 实验室研究与探索. 2009，8 (10)：19-22.

[23] 江胜华，周智，欧进萍. 基于赫兹接触理论的桥墩局部冲刷防护石块起动简化公式 ［J］. 中国公路学报，2014，27 (5)：118-124.

[24] 江胜华，武立群，候建国，等. 基于磁性标签石块的桥墩局部冲刷监测方法 ［J］. 重庆大学学报，2016，39 (1)：89-97.

[25] 陆丹，陈池，吴剑，等. 基于磁定位技术的滑坡监测试验研究 ［J］. 长江科学院院报，2017，34 (3)：45-49.

[26] 张朝阳，肖昌汉，高俊吉，等. 磁性物体磁偶极子模型适用性的试验研究 ［J］. 应用基础与工程科学学报，2010，18 (5)：862-868.

[27] 张朝阳，肖昌汉，阎辉. 磁性目标的单点磁梯度张量定位方法 ［J］. 探测与控制学报，2009 (4)：44-48.

[28] 江胜华，候建国，何英明，等. 基于磁偶极子的磁场梯度张量局部缩并及试验验证 ［J］. 中国惯性技术学报，2017，25 (4)：473-477.

[29] 黄玉，郝燕玲. 磁场梯度张量定位中的矢量磁力计最简配置 ［J］. 华中科技大学学报（自然科学版），2010，38 (12)：52-56.

[30] 吴志东，周穗华，陈志毅. 磁场梯度张量在磁性椭球体跟踪中的应用

［J］．华中科技大学学报（自然科学版），2013，41（11）：103-107.

［31］ 金多．磁梯度场源研究［D］．吉林大学，2014.

［32］ Gang Yin，Yingtang Zhang，Songlin Mi，et al. Calculation of the magnetic gradient tensor from total magnetic anomaly field based on regularized method in frequency domain［J］．Journal of Applied Geophysics，2016，134.

［33］ Wynn W M. Magnetic dipole localization using the gradient rate tensor measured by a five-axis magnetic gradiometer with known velocity［C］//Orlando，FL. USA：SPIE，1995.

［34］ 肖昌汉，何华辉．磁性物体探测的线性求解方法［J］．华中理工大学学报，1997（9）：84-86.

［35］ Nara T，Suzuki S，Ando S. A closed-form formula for magnetic dipole localization by measurement of its magnetic field and spatial gradients［J］．Magnetics，IEEE Transactions on，2006，42（10）：3291-3293.

［36］ Schmidt P W. Inversion using euler deconvolution of the magnetic gradient tensor［J］．ASEG Extended Abstracts，2006（1）：1-3.

［37］ Niu Jun，Teng Baohua，Yin Wenzhao. Localization of a single-point magnetic target in the special geomagnetic field［C］//Third International Conference on Measuring Technology and Mechatronics Automation，2011：411-417.

［38］ 万成彪．基于磁偶极子模型的磁性目标定位方法研究［D］．国防科学技术大学，2013.

［39］ 唐劲飞，龚沈光，王金根．磁偶极子模型下目标定位和参数估计的两种新方法［J］．电子学报，2003（1）：154-157.

［40］ 李光，随阳轶，刘丽敏，等．基于差分的磁偶极子单点张量定位方法［J］．探测与控制学报，2012，34（5）：50-54.

［41］ 戴忠华，周穗华，单珊．两点磁梯度张量定位方法［J］．探测与控制学报，2018，40（1）：44-48.

［42］ 刘继昊，李夕海，曾小牛，等．基于两点磁梯度张量的磁偶极子在线定位方法［J］．探测与控制学报，2017，39（4）：108-112，118.

［43］ 尹刚，张英堂，李志宁，等．磁偶极子梯度张量的几何不变量及其应用［J］．地球物理学报，2016，59（2）：749-756.

［44］ 王帅．基于磁梯度张量的水下目标定位技术［D］．哈尔滨工程大

学，2016.

[45] Cattin V，Vial F，Maillot M C. Device and method for detecting the path of an object moving in two dimensions：US，US8224618B2 [P]，2012.

[46] 吴招才，刘天佑. 磁力梯度张量测量及应用 [J]. 地质科技情报，2008 (3)：107-110.

[47] 李青竹，李志宁，张英堂，等. 磁梯度张量系统传感器阵列的快速旋转校准 [J]. 光学精密工程，2018，26 (7)：1813-1826.

[48] 张宁，王三胜，易忠，等. 基于全张量磁场梯度的磁偶极子定位及误差分析 [J]. 航天器环境工程，2017，34 (3)：317-323.

[49] 任来平，赵俊生，侯世喜. 磁偶极子磁场空间分布模式 [J]. 海洋测绘，2002 (2)：18-21.

[50] 北京大学中国科学技术大学地球物理教研室. 地磁学教程 [M]. 北京：地震出版社，1986.

[51] 倪永生. 地磁学简明教程 [M]. 北京：地震出版社，1990.